국제매너와 이미지 메이킹

권경리 · 한광종

International Manners & Image Making

백산출판사

치열한 국제무역 경쟁 시장에서 한국의 상품을 수출하고자 무역 최전선에서 활동하는 분들 덕분에 지금까지 한국의 경제가 굳건하게 자리잡고 있다. 국제간 무역의 증가, 빈번한 해외 출장 기회 및 해외여행의 증가와 더불어 기업인으로뿐만 아니라 개인으로서 세련된 국제매너와 글로벌 에티켓은 필수라고 할 수 있다. 다른 문화를 이해하는 것은 국제교류의 첫 협상을 수월하게 풀어나가는 열쇠가 된다. 우리나라는 정치·경제·사회·문화·교육·의료·관광 등 거의 모든 분야에서 국제교류가 이루어지고 있으며, 한국을 방문하는 관광객 및 비즈니스 목적 여행객들이 이용하는 항공사·호텔·여행사뿐만 아니라 병원에서도 성형·피부관리·건강검진의 목적으로 외국인 방문이 증가하고 있다.

본서는 국제무대에서 활동할 인재뿐만 아니라 일반 기업체의 취업을 준비하는 분들에게도 도움이 되고 사회생활과 직장생활에도 나침판 역할을 할 수 있도록 인사, 소개, 악수 등의 매너와 에티켓에 대해서도 다루었다.

본서에서 사용한 매너, 에티켓, 예절 그리고 국제매너와 글로벌 에티켓은 동의어이며 혼용해서 사용했다는 점을 밝혀둔다.

우리는 학교 또는 회사에서 많은 사람과의 만남과 관계 속에서 살아가고 있다. 사람들과의 성공적인 인간관계를 유지하는 데 있어서 사무 능력과 기술보다 더 중요한 것은 바로 자신의 이미지를 잘 다듬는 것이다.

사람들은 이미지 메이킹하면 단순히 타인에게 자신이 어떤 사람으로 보이는 측면만을 생각한다. 그러나 이미지 메이킹은 의상, 목소리, 태도 심지어 자신에게 어울리는 색상까지 자신의 장점과 단점을 분석하고 숨겨진 자아를 찾아서 구체적으로 형상화하려는 노력에 의해 어떤 사람이 되는가를 고민한 결과로서 얻는 것이다.

본서는 성공적인 사회생활을 위해 어떻게 자신만의 이미지를 좋게 만들고 관리할 것인가에 대해서도 여러 가지 접근방법들을 골고루 소개했다.

저자는 그동안 대학교에서의 국제매너·글로벌 에티켓·예절 특강, 서울삼성병원, 이지함 피부과 등 대학병원과 네트워크 병원에서의 CS 강의 경험을 토대로 보다 많은 분들이 평소 매너·에티켓·예절 및 국제매너·글로벌 에티켓에 대해서 궁금했던 점을 이 한 권에서 얻을 수 있도록 골고루 담고자 했다.

본서의 출판을 기꺼이 맡아주신 백산출판사 진성원 상무님께 진심으로 감사드린다. 한 권의 책이 나오기까지 많은 분들의 도움이 필요하다. 편집과 교정작업 그리고 포토샵과 디자인 작업에 수고해 주신 김호철 편집부장님, 오정은 실장님, 인터넷팀 김성수 팀장님께도 감사의 말씀을 전합니다. 1974년 진욱상 사장님께서 백산출판사를 설립한 이래 관광·식음료·조리·항공·외국어·의료관광·통계조사분석에 이르기까지 사회과학분야의 전문출판사로서 쌓아온 명성이 더욱 빛나고 성장·발전하기 바란다.

단순히 국제매너와 이미지 메이킹에 대한 정보를 주입하는 책이 아니고 센스있는 책, 읽어서 기분 좋은 책을 만들려고 노력했지만, 본서의 부족한 부분은 앞으로 개선해나가도록 하겠다. 본서에 대해서 궁금한 점이 있으시면 언제든지 fatherofsusie@hanmail.net으로 문의주시거나 blog.daum.net/fatherofsusie의 방명록에 궁금한 점을 남겨주시면 최대한 빨리 성실하게 답변드리도록 하겠다.

저자가 소개한 에티켓을 읽고, 대한민국의 미래를 책임져나갈 젊은 세대가 체험을 통해 몸에 익히는 데 본서가 디딤돌이 되기를 바란다. 저자들이 살아왔던 세상보다 더욱 훌륭한 세상을 만들어 나갈 수 있도록 성장하기 바라는 마음을 담아 저자의 딸 정민지와 한수지에게 이 책을 바친다.

2014년 6월

권경리·한광종

차례

International Manners & Image Making

PART 2. 매너와 에티켓 실전

PART 3. 이미지 메이킹

International Manners & Image Making

PART

1

국제매너와 글로벌 에티켓

Chapter

01 매너와 에티켓의 이해

International Manners & Image Making

1.1 매너와 에티켓의 개념

음악, 수학, 스포츠는 타고날 때 부모로부터 물려받은 능력이 중요한 영향을 미칠뿐만 아니라 숨겨진 재능을 찾는 계기를 마련해 주기도 하지만, 에티켓과 매너는 타고 나는 것은 아니며 훈련과 연습 그리고 관심에 의해서 몸에 배게 된다.

부유한 계층의 자녀로 태어났다고 해서 에티켓과 매너가 있는 것은 아니다. 단지 에티켓과 매너를 배울 돈이 충분히 있을 뿐이다. 영국 왕실의 황태자는 시골 농장에서 자란 농부에 비해서 어려서부터 에티켓과 매너를 철저하게 배울 기회가 많을 것이다. 그러나 가난한 농부의 아들과 딸로 태어났지만 예절 교육을 받는다면 훌륭한 신사와 숙녀가 될 수 있을 것이다.

법률, 규범, 예절, 매너는 어떤 차이가 있을까?

구분	내용
법률	국회에서 법률이라는 형식으로 제정한 규범 (예) 민법, 민사소송법, 형법, 형사소송법, 의료법
사회적 규범	사람들이 하나의 집단을 형성하면, 그 집단 내에서 형성된 공통의 행동 기준
문화	어떤 집단의 구성원이 배우거나 습득하여 계승해 내려온 생각, 행동 방식 및 일상생활에서의 예의
예절	예의에 관한 모든 절차나 질서
매너(에티켓)	행동하는 방식이나 자세
국제매너(글로벌 에티켓)	국제교류에 필요한 기본적인 예절

매너와 에티켓은 법률과 달리 강제성은 없더라도 스스로가 됨됨이가 있는 사람이 되기 위해서 그리고 우리가 속한 가정·직장·사회에서 우리에게 요구하는 생활규범이라고 볼 수 있다.

에티켓은 무엇이고 매너는 무엇일까?

Etiquette is a code of behavior that delineates expectations for social behavior according to contemporary conventional norms within a society, social class, or group.

에티켓은 사회, 사회 계급, 그룹 속에서 동시대의 보편적인 규범에 따르는 사회적 행동을 설명하는 행동지침이다.

매너의 어원은 Manuarius(사람의 손, 행동과 습관)에서 유래되었다. 즉, 매너는 사람의 행동과 습관을 내포하고 있다.

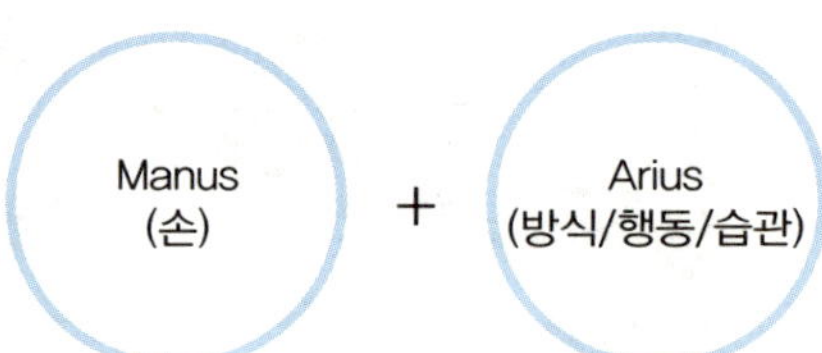

남이 나에게 해주기를 바라는 것처럼 다른 사람에게 대하는 것이 바로 타인을 배려할 줄 아는 바람직한 매너의 기본이다.

영어에서 Manner는 단수로 쓰일 때 올바른 행동, 다른 사람들에 대해서 밖으로 표현되는 태도를 의미한다.

Manner

a. A way in which a thing is done or happens

b. A person's outward bearing or way of behaving towards others

Manners

a. The socially correct way of acting; etiquette

b. A socially acceptable way of behaving

c. Polite or well-bred social behavior

복수로 쓰이는 Manners는 사회적으로 올바른 행동(에티켓), 사회적으로 인정되는 태도, 예의바르거나 또는 가정교육을 잘 받은 태도를 의미한다.

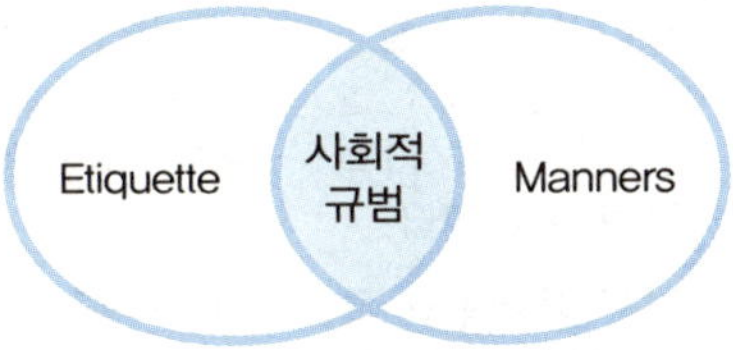

만약 연회에 초청받은 분 중에 레스토랑과 연회장 문화에 익숙하지 않은 분이 핑거볼 물을 마셨을 때, 보란 듯이 옆에서 손을 씻으면 상대방이 몹시 자신의 무지함으로 인해서 많이 무안하고 당황할 것이다. 이런 경우 식사 에티켓에는 어긋나지 않지만 상대를 배려하는 매너는 아니다.

영국의 엘리자베스 여왕이 중국 귀빈을 정찬에 초대했을 때, 서양 테이블 매너에 익숙하지 않았던 중국 귀빈이 Finger bowl의 물을 마셔버렸다. 이를 본 여왕이 중국 귀빈이 무안해 하거나 당황하지 않도록 자신도 Finger bowl의 물을 마셨다. 이 일화는 매너의 중요성을 이야기할 때마다 단골처럼 등장하는 사례다.

매너는 일상생활에서 개개인이 사회구성원으로서 지켜야 할 규범이 된다. 일상생활에서 매너를 지키면 매력적인 사람 그리고 인격이 있는 사람이 될 수 있다. 매너는 에티켓에 비해서 좀 더 섬세하고 심정적인 요소를 포함하고 있다.

그러면 에티켓, 매너, 국제매너의 차이점을 어떻게 설명해야 할까?

구분	한국에서의 에티켓	한국에서의 매너	국제매너
화장실	• 화장실 문을 노크한다.	• 사람이 있다는 것을 간접적으로 알리기 위해서 헛기침 소리를 낸다.	• 화장실 문을 절대로 노크해서는 안 되며, 조용히 기다린다. • 항공기에 탑승했을 때 Occupied(사용 중)과 Vacant(비어 있음)을 구분해서 이용한다.
명함	• 첫인사에서 명함을 전달한다. • 명함의 글자가 상대방 위치에서 바르게 보이도록 전달한다.	• 명함지갑에서 명함을 꺼내고 두 손으로 전달하고 받는다. • 명함의 한자 밑에 한글 발음 기호를 적은 명함을 전달한다.	• 미국과 유럽에서는 대화를 마치기 전에 추후 연락을 지속하기 위해 명함을 전달한다. 만나자마자 명함을 전달하지 않는다. • 미국과 유럽에서는 명함을 전달하면서 허리를 곧바로 세운 채 전달하며 절대로 허리를 숙이지 않는다. • 비영어권(스페인어, 프랑스어, 러시아어, 아랍어 등) 사람들과의 비즈니스를 위해 만드는 명함에는 영어와 해당 언어로 표기하고 명함을 전달할 때 해당 언어가 정면으로 글자가 바르게 보이도록 전달한다. • 일본에서는 명함을 전달하면서 허리를 두 차례 정도 숙여 인사한다.
출입구	• 노인이 먼저 들어갈 수 있도록 문을 잡아준다.	• 노인이 먼저 들어갈 수 있도록 문을 잡아주면서 가볍게 목례를 한다.	• 노인이라도 여성에게 문을 열어주면 여성은 노인에게 감사하다고 말하면서 노인에게 신사도를 발휘할 수 있는 기회를 준다.
엘리베이터	• 낯선 여성과 함께 엘리베이터를 탈 때, 대화 없이 가볍게 목례를 한다.	• 낯선 여성과 단 둘이 엘리베이터를 탈 때, 여성의 등 뒤에 서지 않는다.	• "Hello?"/"Good Morning" 하고 웃으면서 가볍게 인사를 한다.
	• 만원인 엘리베이터에서 다른 사람을 위해 옆으로 비켜 선다.	• 만원인 엘리베이터에서 다른 사람이 보다 쉽게 내릴 수 있도록 먼저 내렸다가 다시 탄다.	• 여유 공간이 조금 있더라도 엘리베이터를 탑승하지 않고 다음 엘리베이터를 기다린다.
	• 엘리베이터 닫힘 버튼을 누른다.	• 모든 사람이 다 탈 때까지 열림 버튼을 누른다.	• 엘리베이터 닫힘 버튼을 누르지 않고 자동으로 닫히기를 기다린다. • 누군가 타려고 할 때 열림 버튼을 누른다.
레스토랑	• 대화를 한다.	• 대화를 할 때 조용히 한다.	• 프랑스에서 낯선 사람과도 함께 식사를 해야 할 경우(Share the table), 절대로 낯선 사람과 대화를 하지 않는다.

매너는 사람의 됨됨이를 반영하기 때문에 다른 사람에게 평가를 받을 때 매우 중요한 잣대가 된다. 매너가 좋은 사람은 다른 사람에게 호감을 준다.

에티켓과 매너의 공통점은 바로 사회적 규범을 따르는 올바른 행동이라는 점이다.

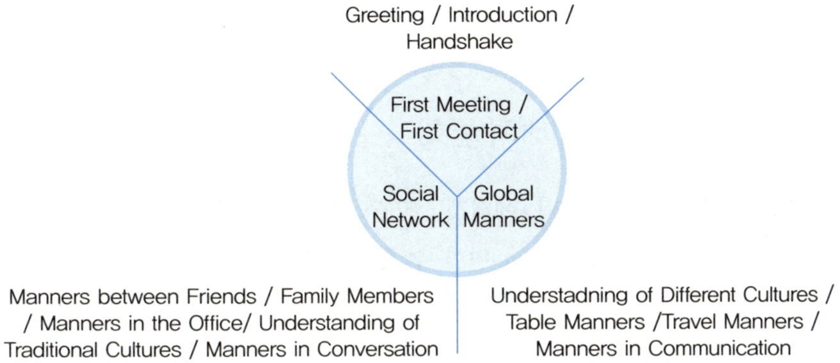

일상생활 속에서 에티켓과 매너의 쓰임에는 차이가 있다.

사람이 주어가 되었을 때는 에티켓보다는 매너를 더 많이 쓴다.

예 • 그 사람은 매너가 좋다. (○)

• 그 사람은 에티켓이 좋다. (△)

보어로 쓰일 때는 매너와 에티켓은 혼용되어 쓰인다.

~하는 것이 (최소한의) 매너이다.

~하는 것이 (기본적인) 에티켓이다.

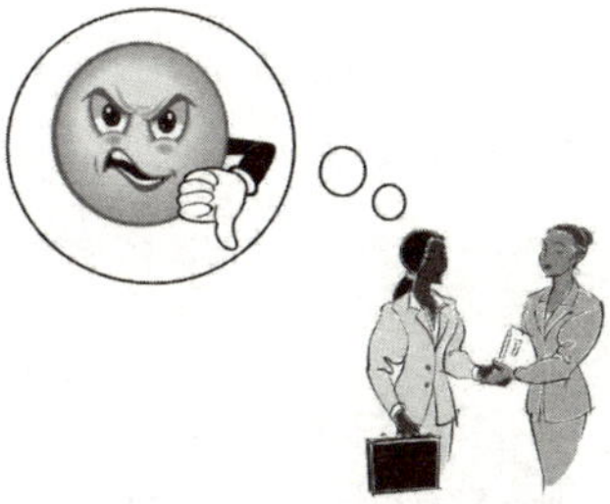

일상생활 속에서 매너와 에티켓이 혼용되어 쓰이고 있다.

우리들의 입에 좀 더 편하게 발음되고 귀에 익숙한 표현도 있지만 왠지 어색한 표현도 있다.

남녀 간의 에티켓 (○)	테이블 매너 (○)	화장실 에티켓 (○)
남녀 간의 매너 (△)	테이블 에티켓 (△)	화장실 매너 (△)

매너와 에티켓을 한국어로 번역하면 무엇일까?

매너와 에티켓을 한국어로 번역하는 가장 적절한 표현은 예의범절이다.

본서에서는 매너와 에티켓의 의미를 엄격히 구분하지 않고 혼용해서 사용하고자 한다.

1.2 매너와 에티켓의 시대적 변화

그렇다면 시대에 따라서 매너, 에티켓 그리고 보편적인 규범에 변화가 있을까? 매너와 에티켓도 시대에 따라서 변할 수 있을까?

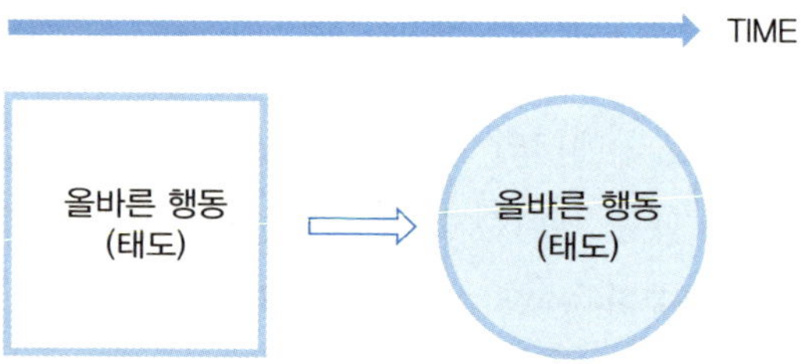

조선시대에 담배가 한국에 들어오게 된 계기는 임진왜란 무렵에 일본인들에 의해서였고 시간이 지남에 따라 두통과 배앓이 효능이 뛰어나다고 알려져 점차 기호품으로 애용되었다. 손님이 오면 차를 대신해서 담배를 대접하는 풍습도 생겼다. 양반뿐만 아니라 평민과 천민 그리고 남자는 물론 여자와 어린아이들까지도 담배를 피웠다.

담배의 수요가 늘자 농민들은 텃밭뿐만 아니라 논에서도 담배를 재배하면서 농촌 경제에까지도 영향을 주었고 담배로 인한 화재도 매우 빈번했다.

17세기 중엽 항해 중 표류해서 조선에서 13년 동안 살았던 하멜은 하멜 표류기에서 "담배가 매우 성행해서 어린아이들도 4~5세 때 담배를 배우기 시작한다. 남녀 간에 담배를 피우지 않는 사람은 극히 드물었다."라고 기술하고 있다.

김홍도의 점괘라는 그림에서 담뱃불을 붙여주

는 연동이 긴 장죽을 들고 있다. 50cm 이상의 장죽은 담뱃대가 길기 때문에 누군가 불을 붙여주어야 했다.

담배에 불을 붙이기 위해 공기를 흡입하면서 볼을 홀쭉하게 만드는 모습이 볼썽사납다고 생각하여 어린아이(연동)에게 담뱃대를 빨아 불을 붙여 넘겨받았던 양반들이 많아서 어린 종들의 흡연이 보다 넓게 퍼지는 계기도 되었다.

심지어 어전에서도 신하들이 담배를 피웠다. 담배를 피우지 않던 인조는 눈이 따가웠고 편전에서의 금연을 명했다. 인조 덕분에 윗사람 앞에서 담배를 피우는 풍조는 점차 사라졌다.

지금은 청소년의 흡연이 법으로 금지되어 있을 뿐만 아니라 연장자 앞에서의 흡연은 예절에 어긋난다고 인식한다.

우리나라에서는 2002년 한일 월드컵 때부터 몇 년간 대대적으로 한 줄 타기 캠페인을 벌였다. 에스컬레이터의 한 쪽을 비워놓고 천천히 갈 사람은 서서가고, 바쁜 사람은 걸어가면 그만큼 효율성이 증대될 것이라고 생각했기 때문에 한 줄 타기 캠페인을 벌인 것이다. 그 결과, 시민들은 한 줄 타기에 점차 익숙해졌고, 에스컬레이터를 이용할 때 하나의 에티켓으로 자연스럽게 자리잡게 되었다. 하지만 2007년부터 시민들의 안전 문제, 에스컬레이터의 고장 문제 등의 이유로 인해서 두 줄 타기 캠페인을 벌이기 시작했다.

에스컬레이터는 걷지 않고 이동하기 위한 목적으로 만들어진 구조물이므로, 한 줄 타기가 계속되면 무게의 중심 쏠림 현상으로 인해서 에스컬레이터 기계의 수명을 단축시키는 고장의 원인이 되고 있다. 유럽이나 일본 등 선진국에서도 한 줄 타기와 같은 사례가 없다.

1.3 에티켓의 역사적 배경

에티켓(Etiquette)이란 단어는 언제부터 사용하기 시작했을까?

Estiquier는 출입금지를 표시한 나무 말뚝이었다. 즉, 에티켓은 사람들에게 알리는 안내문과 방향 표시에서 시작되었다고 볼 수 있다. 현대에서의 에티켓도 사람들에게 이런 장소와 이런 때는 이렇게 행동하라는 지침이라고 볼 수 있다.

베르사이유 궁전 내 왕의 이동식 화장실

Louis 14세에게 궁정 예법을 가르친 사람은 랑뷔에(1588–1655) 후작부인이었다. 1682년 Louis 14세가 베르사이유 궁전으로 이사해 큰 연회 행사들을 개최했다. 연회 행사들을 위해서 264개 변기를 설치하고, 적색과 청색 벨벳으로 칸막이를 해서 프라이버시를 보장했다. 그런데 변기를 찾지 못한 자는 잔디에서 볼 일을 보았고, 스코틀랜드 출신의 정원사가 잔디보호를 위해 "출입금지"라는 푯말을 세운 것이 오늘날의 기원인 것이다.

나중에 에티켓이란 단어가 "상대방의 마음의 화원"을 해치지 않는다는 의미로 넓게 해석하게 되었고 점차 "따라하다" 그리고 "존중한다"라는 의미로 변모했다고 한다.

또 다른 설로는 베르사유 궁전에 출입하는 사람들에게 궁전에 출입할 때 지켜야 할 유의사항과 규범을 적은 쪽지를 나누어 준 데서 유래했다는 말도 있다.

어느 이야기가 진실인가에 관계없이 두 가지 이야기의 공통점은 에티켓이 개인 간에 지켜야 할 행동 규범과 예의범절이라는 점이다.

① 에티켓 교육의 역사

에티켓(Etiquette) 교육은 언제부터 시작되었을까?

1530년 에라스무스(Desiderius Erasmus)의 저술 『On Civility in Children』에서 시작되었다. 에라스무스(Erasmus)는 가문은 좋지 않으나 상류층에 진출하고자 하는 소년들을 위한 예의범절 교과서를 만들었고 이 책은 300년 동안 22개국으로 번역되어 글로벌 에티켓의 근간이 되었다.

예
- 하품을 할 때 손으로 입을 가려야 한다.
- 어떻게 옷을 입어야 하는가?
- 어떻게 이성에게 말을 걸어야 하는가?
- 연장자와 대화할 때는 어떻게 해야 하는가?
- 물컵과 나이프는 오른쪽에 놓고, 빵 접시는 왼쪽에 놓아야 한다.
- 고기를 많이 먹기 위해 빵 접시를 돌리지 말아야 한다.

동양에서는 서양보다 훨씬 앞서서 예의에 대한 교육이 실시되고 있었다. 공자는 일찍이 '예기'를 통하여 사람을 바르게 하는 법 가운데 예보다 필요한 것은 없다고 말했다. 공자는 사회 관습상의 예의는 지켜야 하지만 이 때문에 인간 행동이 너무 번거로워져서는 안 된다고 하면서 의례나 의식은 지나침이 없도록 간소하게 하여야 한다고 하였다. 이러한 공자의 가르침은 동양에서의 예에 대한 기본 지침이 되었다.

② 에티켓의 보급

서양에서 에티켓(Etiquette)은 어떤 계기로 많은 사람들 사이에서 보편화되었을까?

프랑스의 살롱문화가 에티켓의 보급에 지대한 영향을 미쳤다.

∘ 랑뷔에 후작부인의 살롱

∘ 마담 Geoffrin의 살롱

Louis 14세 이전의 궁정문화는 남성 위주였으나, Louis 14세 이후 많은 여성이 궁정을 출입했고, 기사도 문화의 산실이 되었다. 궁정은 사교의 중심지가 되었고, 고학력의 교양 상류층과 명사들(혈통귀족)의 사교장이 되었다.

궁정문화와 병행해서 살롱문화도 한 몫을 했다. 랑뷔에(Rambouillet) 후작부인은 「Hotel de Rambouillet」라는 살롱을 열고 당시의 지식층들과 미술, 문학, 과학에 대해서 토론했다. 랑뷔에 부인은 병약해서 궁정생활을 피하고 사교적 유희를 즐기는 고급 사교장을 만들었다. 이 사교 모임에 파리의 명사들은 대부분 모였으며, 문인들은 이 모임을 통해서 세련된 문체를 연마하는 기회가 되기도 했다.

살롱문화는 수학에까지도 영향을 주었다. 파스칼(B. Pascal)은 주사위 도박 게임에서 확률이론을 도출했다.

파스칼에게 확률이론에 대한 관심을 불러일으킨 사람은 앙트완 공보(Antoine Gombaud)라는 파리의 직업 도박사였다. 그는 주사위를 던져서 특정한 점수에 처음으로 도달하는 사람이 판돈을 따는 '포인트'라는 도박 게임에 관하여 하나의 문제를 제기하였다.

공보(Gombaud)는 친구들과 함께 포인트 게임을 벌이던 중 갑자기 급한 볼일이 생겨 게임 도중에 중단하게 되었다. 그런데 곧바로 문제가 발생했다. 아직 Winner가 결정되지 않은 판돈을 어떻게 처리해야 할 것인가? 가장 간단한 해결 방법은 특정 점수에 가장 근접한 사람이 판돈을 모두 가져가는 것이다. 그러나 공보는 파스칼에게 좀 더 공정하게 판돈을 분배하는 방법을 물어왔다. 파스칼은 게임에 참여한 사람들의 '주사위를 던지는 능력'이 모두 동일하다는 가정 하에 게임이 계속 진행되었을 경우 개개의 도박사들이 우승할 확률을 계산했다. 그리고 이 확률에 비례하여 판돈을 나누어 갖는 것이 가장 공정하다는 결론을 내렸다.

- 서양 에티켓의 기본 개념
  - 상대에게 호감을 주고 폐를 끼치지 않는다.
  - 상대 존중의 정신
  - 여성 존중 사상
  - 약자 존중 사상
  - 실내 에티켓(Indoor Etiquette)
  - 공공질서에 해당하는 윤리적 행위(Outdoor Etiquette)

Chapter 02

매너와 에티켓의 유사용어

International Manners & Image Making

2.1 태도

태도는 주변인들과의 관계(수직적 및 수평적 인간관계)를 인식하고 그들과의 관계를 돌아보며 서로의 관계를 이해하고 소통하는 방법이다.

예 사제 간의 관계에서 바람직한 태도
회사의 상하관계에서 바람직한 태도

성공한 사람들의 대부분은 업무 수행능력보다 타인과의 원만한 인관관계와 상대방과의 공감을 이끌어 내고 강화하는 능력이 있다.

인관관계가 어려운 경우는 대부분이 부정적인 태도로 인해 만들어진 선입견이나 고정관념으로 인해서 서로간의 관계가 엉뚱한 방향으로 변질되기 때문이다. 자기관리, 자기 수양, 자기 절제를 바탕으로 타인과의 인간관계를 잘 형성한다면 성공하는 데 큰 밑거름이 될 것이다.

구분	태도
I am OK. You are OK. I(나) YOU(타인) 	• 타인과의 비즈니스를 즐겁게 한다. • 자신과 타인을 모두 존중한다. • 타인과의 관계에서 개방적이다. • 타인의 의견을 수용한다. • 의견의 불일치에서 해결방법을 찾아본다. • 다른 사람과의 대화에서 자신감을 가지고 대한다.
I am OK. You are not OK. I(나) YOU(타인) 	• 배타적이다. • 다른 사람의 의견을 수용하지 않는다. • 통제력을 상실할까 두려워한다. • 자기 방어적이며 공격 성향이 높다. • 상대방을 지배하려고 한다. 우월 의식이 강하다.
I am not OK. You are OK. I(나) YOU(타인) 	• 다른 사람과의 인간관계를 두려워한다. • 매사에 열등감이 높다. • 다른 사람과의 대화에서 자신감이 없다. • 자신이 원하는 바를 정확히 모른다.
I am not OK. You are not OK. I(나) YOU(타인) 	• 타인을 신뢰하지 않는다. • 타인뿐만 아니라 자신에게도 공격적이다. • 세상에 대해서 적대적이며 공격적이다. 반항적이다. • 자포자기적 생각을 자주한다. • 세상으로부터 버림받을까 두려워한다. • 목표 의식이 약하다. • 외톨이로 있으며 소외감을 느낀다.

2.2 Body Language

매너와 에티켓은 목소리 높낮이, 자세, 태도뿐만 아니라 Body Language도 포함하고 있다. 따라서 문화적 차이로 인해서 오해가 될 수 있는 Body Language는 주의할 필요가 있다.

종류		특징
언어적	구두	대화에 의해서 전달
	문서	보고서, 메모, Email, 팩스 등으로 전달
비언어적	Body Language	몸동작, 얼굴 표정, 목소리 강약 등으로 전달
	Symbol	상징적 언어 예 로고, 교통 표지판

- Body Language 해석의 차이

일본에서 손가락으로 동그라미를 만들면 돈이라는 뜻이다. 한국에서는 돈을 의미하기도 하고 '좋다'는 뜻도 있다. 프랑스에서는 OK 사인이 '가치 없다'는 뜻이다. 태국에서는 무슨 말인지 잘 알아들었다는 뜻이다. 그리스, 독일, 러시아, 브라질에서는 외설적인 표현이다.

불교에서 손가락으로 동그라미를 만드는 것은 완전히 다른 의미를 담고 있다.

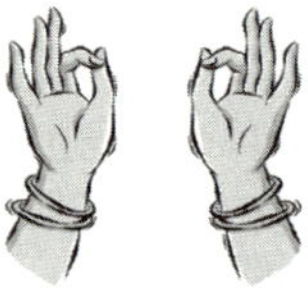

상품중생(上品中生) : 성도의 깊은 이치를 모두 깨닫고 인과의 윤회를 알아 수행, 정진하고 새롭게 태어나는 극락세계를 의미하는데 상생보다는 아랫단계이다.

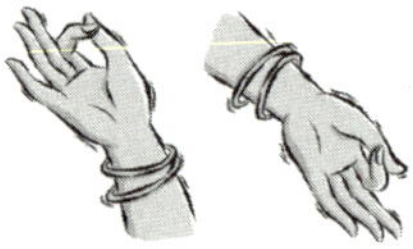

상품하생(上品下生) : 타인에게 많은 인덕을 상대적으로 베풀진 않았지만 인간의 도리를 알고 실천한 사람이 성불하기 위해 다시 태어나는 극락세계를 의미한다.

엄지손가락을 세우는 것은 한국, 태국, 캐나다, 일본에서는 '최고' 또는 '좋다'라는 의미이지만, 아랍 에미레이트에서는 모욕적인 제스처이다. 영국, 호주, 뉴질랜드에서는 엄지손가락이 향하는 방향으로 Hitchhike를 하기 위해 자동차 세울 때 하는 사인이다. 인도네시아에서는 사물을 가리킬 때 엄지손가락을 사용한다.

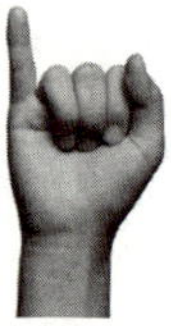

새끼손가락을 세우면, 몸무게가 많이 줄었다는 뜻이다. 즉, 조금 과장해서 새끼손까락의 두께만큼 허리가 줄었다는 의미이다. 한국과 일본에서는 애인 또는 여자친구라는 뜻이다.

엄지손가락을 집게손가락과 가운데 손가락 사이에 끼우면 욕이다. 아르헨티나와 브라질에서는 Good Luck이란 뜻이다.

손을 모은 상태에서 위 아래로 약간씩 흔들면 터키에서는 Wonderful이라는 뜻이다. 이탈리아에서는 "도대체 무슨 말을 하는 것이냐?", "믿을 수 없다"이며, 그리스에서는 "Perfect!"란 뜻이고, 이집트에서는 "인내심을 가져라"라는 뜻이다. 콩고공화국에서는 소량을 의미한다.

Corna 사인은 브라질, 콜롬비아, 이탈리아, 포르투갈, 스페인에서 당신 아내가 바람을 피우고 있다는 뜻이다. 미국에서는 로커들이 락 음악의 정신을 표현한다.
원래 "I Love you, Satan."이란 의미로 손 모양을 만드는데 모양이 악마의 뿔과 유사해서 Illuminati Hand Sign 또는 Horned Hand Sign(악마의 뿔)이라고 불리운다.
16세기에 사탄을 숭배했던 Satan Anton Lavey 교회에 의해서 사용되었고, 사탄을 숭배했던 록 그룹의 팬들이 본래의 뜻을 모른 채 따라하면서 "Horned Hand Sign"이 "Rock"의 정신을 의미하는 것으로 인식되었고 일반인들 사이에서 유행하게 되었다.

하와이에서 Shaka Sign은 잘 지내라는 의미이다. 손등을 상대에게 보이도록 하고 영어 알파벳의 Y 자 모양을 손가락으로 만든다.

머리를 톡톡 노크하듯이 두드리면 미쳤냐는 뜻이다. 한국에서는 내가 하는 말을 잘 명심해 두라는 의미하다.

집게손가락을 귀 위에서 돌리면 전화가 왔다는 뜻이다. 한국에서는 미쳤다는 뜻이다. 네덜란드에서 미쳤다는 표현은 집게손가락을 이마 가운데 올려놓는다.

손등을 턱에 대면 미국에서는 많이 먹어서 배가 부르다는 뜻이고 브라질에서는 입 닥치라는 뜻이다.

Chapter 03

에티켓이 적용되는 장소와 시기

International Manners & Image Making

에티켓은 어느 장소와 상황에 적용될까?

가정, 사회, 직장, 면접장소, 해외 비즈니스 출장, 외교 등 다양한 장소와 상황에 적용되는 것이 에티켓이다.

에티켓과 매너가 적용되는 공간과 시간은 어떤 것일까?

- 하루 생활: 아침, 점심, 저녁에 만나는 사람들과의 인사
- 첫 만남: 비즈니스 목적 또는 새로운 인간관계 형성에서 만나는 사람들과의 인사, 소개, 악수 예절
- 인간관계: 작게는 가족과 친구들 사이의 매너에서 크게는 사회생활에 이르기까지 광범위하다.

  예 선생님에 대한 예의, 선배와의 매너, 후배와의 매너
  대화할 때의 매너
- 국제교류와 국제매너: 이질적 문화의 이해, 테이블 매너, 여행할 때 공항 및 비행기 내의 매너

3.1 가정

서로 존중해야 한다.
부부 사이에도 에티켓이 필요하다.
부모와 자녀들 간에도 에티켓이 존재할까?
올바른 자녀와의 대화 방법을 위해서는 무엇을 해야 할까?

- 잘 들어주기
- 격려하기

3.2 일상생활

결혼식, 생일파티, 장례식 등 일상생활 속에서도 에티켓이 존재한다.

- 신부보다 예쁘게 화장을 하거나 신부 옷보다 눈에 띄는 옷을 입지 않는다.

3.3 회사생활

성공한 사람들에게는 어떤 성공요인이 있을까?

여러 가지가 있을 수 있지만, 그 중에서 가장 중요한 성공요인으로 원만한 인간관계를 꼽을 수 있다.

학교 은사, 직장 상사, 선배, 동료와 친구, 후배와의 좋은 인간관계가 성공의 열쇠인 셈이다.

3.4 사회생활 에티켓(비즈니스 에티켓)

고객에는 비즈니스 파트너와의 관계와 대고객 관계로 나누어 생각해 볼 수 있다.

- 비즈니스 파트너와의 에티켓
  - 남이 나에게 해주기를 바라는 것처럼 남을 대하라.
  - 공손하게 대한다.
  - 명랑하게 대한다.
  - 긍정적으로 대한다.
  - 관심을 둔다.
  - 상황에 어울리는 적절한 복장을 갖춘다.
  - 감성적 대화 표현을 할 수 있어야 한다.

- 서비스 분야 대고객 간의 에티켓
  - 서비스 마인드
  - 고객 이해심
  - 리더십
  - 성실함
  - 자신감
  - 성취감
  - 일의 즐거움
  - 책임감
  - 미소 노동으로부터의 나만의 건전한 스트레스 해소 비법
    - 예 운동
  - 자기계발
    - 예 서비스 분야의 전문서적

3.5 국제매너

국제무대에서 원만한 국제교류를 하고 국제협상을 성공시키려면 국제매너에 대한 충분한 지식이 필요하다.

국제매너를 알아야 할 이유는 무엇일까?

- 문화적 차이로 인한 불쾌감의 최소화

– 문화적 차이에 따른 오해의 최소화
– 친절한 서비스

외국인들은 자기 나름대로의 전통과 풍습에 익숙해 있기 마련이다. 만약 이에 대한 상식이 부족할 경우 본의 아닌 실수를 할 수도 있다. 외국인의 습관과 풍습을 이해하고 사전에 알아둔다면, 외국인과의 접촉에 있어서 보다 원만한 관계를 유지할 수 있을 것이다.

해외출장을 위해서 무엇을 준비해야 할까?

– 출장 목적을 분명히 이해한다.
– 비즈니스 출장도 업무의 연속이므로 복장에 신경을 쓴다.
– 출장 지역의 문화와 역사에 대해서 공부한다.

3.6 외교(의전)

– 외교에서의 에티켓은 특별히 Protocol(의전)이라는 용어를 사용한다.
– 국가를 대표하므로 외교에서의 의전은 매우 중요하다.

예의범절(매너와 에티켓)은 국가와 문화에 따라서 다르기 때문에 국제문화를 수용하거나 익혀두면 외국 문화에 대한 상대적 접근이 용이해질 수 있다.

예 서양식 음식을 먹을 때는 양식에서 요구되는 테이블 매너를 따라야 한다. 협상을 할 때도 협상을 느슨하게 하는 국가(중국), 협상에서 본론을 먼저 제시해야 하는 국가(미국)별 비즈니스 문화 특성에 맞게 대처할 수 있다. 막걸리를 와인 대신 대접하는 데 있어 막걸리에 자연색을 입혀서 대접한다(청와대 국제행사 사례).

- 나의 에티켓과 매너 지수

나의 에티켓과 매너 지수는 몇 점일까?

항목	점수				
당신은 매너가 중요하다고 알고 있는가?	매우 그렇지 않다 (1점)	그렇지 않다 (2점)	보통이다 (3점)	그렇다 (4점)	매우 그렇다 (5점)
평소 복장에 대해서 신경을 쓰고 있는가?					
승용차를 탈 때 상석이 어느 자리인지 알고 있는가?					
식당에서 양식 먹는 순서를 알고 있는가?					
식당에서 냅킨을 사용하는 때와 방법을 알고 있는가?					
웃어른 앞에서 자기를 호칭할 때 어떻게 해야 하는지 알고 있는가?					
명함을 교환할 때 어떻게 해야 하는지 알고 있는가?					
목례, 보통례, 정중례를 언제 해야 하는지 알고 있는가?					
전화를 받을 때 예절을 알고 있는가?					
선배와 후배, 직장내 사람과 외부 고객을 소개하는 순서를 알고 있는가?					
전화걸 때 통화 가능 여부를 먼저 물어보는가?					
회의 시작할 때 휴대폰을 진동으로 바꾸어 놓는가?					
엘리베이터 안에서 대화를 조용히 하는가?					
악수할 때 매너를 알고 있는가?					
합계					

60점 이상: 매너가 훌륭하다.
59 ~ 41점: 매너에 대해서 알고 있고 실천하고 있다.
40점 이하: 매너를 향상하기 위한 노력이 요구된다.

International Manners & Image Making

PART

2

매너와 에티켓 실전

Chapter 01

채용면접 예절

International Manners & Image Making

고등학교, 대학교를 졸업한 후 사회로 진출한다. 사회 진출을 위한 첫 번째 단추는 회사생활이다.

기업의 채용 면접시험에서 초두 효과는 수험자의 입장에서 매우 중요하다. 제한된 짧은 면접시간 동안에 기업에서 원하는 인재상을 보여주어야 하기 때문이다.

① 면접의 종류

– 개인 면접

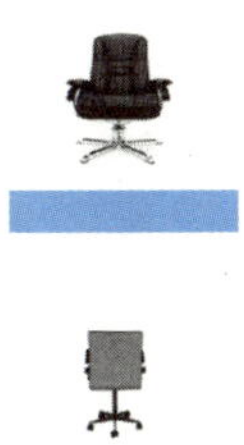

– 집단 면접

– 집단 토론 면접

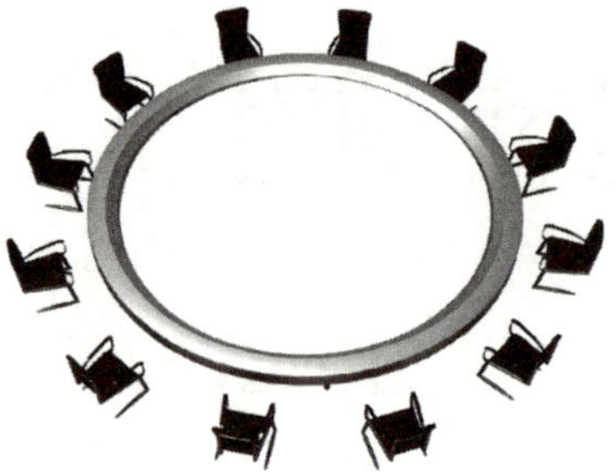

– 합숙 면접
– 프레젠테이션 면접
– 다차원 면접(사우나, 주점, 식당 등에서 자연스러운 분위기 속에서 진행)

② 면접 평가 항목

– 태도
– 자세
– 적극성
– 충성도
– 협동심
– 신뢰성
– 창의력
– 문제 해결 능력
– 논리적 사고 능력
– 의사소통 능력
– 전문 지식 등

③ 면접에서 답변 요령

– 신중하게 말한다.
– 정중하게 말한다.
– 논리적으로 말한다.
– 자신의 생각을 분명하게 전달한다.
– 면접관이 듣고 싶어하는 말을 한다.

짧은 비즈니스 첫 만남 시간 동안에 그리고 짧은 면접시간 동안에 Open Area를 어떻게 돋보여야 할까?

비즈니스에서 상대방을 만나기 전에 그리고 면접장에 들어가기 전에 평소에 Hidden Area, Unknown Area에서 어떻게 나의 장점을 끌어낼 수 있을까?

④ 면접 성공을 위한 메이크업

- 눈썹: 얼굴형에 맞도록 눈썹을 화장한다. 눈썹의 화장을 너무 진하게 하지 않는다.
- 아이라인: 아이라인을 진하게 하지 않는다. 아이새도우는 자연스러운 느낌이 들도록 한다.
- 피부: 잡티를 가리는 데 중점을 둔다. 눈 주위와 볼에 진한 색조화장을 하지 않는다.
- 립: 립 라인은 진하게 그리지 않는다. 입술의 끝부분이 살짝 올려보이도록 표현한다. 이는 웃는 인상을 표현하기 위함이다. 입술 끝이 내려가 보이면 우울한 이미지로 느껴진다.
- 볼터치: 둥글게 터치하여 자연스럽게 보이도록 한다.

Chapter 02

직장 예절

International Manners & Image Making

2.1 출근 전의 복장 체크 리스트

회사 출근 전에 복장을 체크해서 깔끔하고 단정한 모습으로 출근한다.

구분		체크 리스트	구분		체크 리스트
남성	헤어스타일		여성	헤어스타일	
	비듬			비듬	
	눈	눈곱		머리	냄새
	귀			옷깃	
	코	코털		소매 끝	
	수염			눈	눈곱
	잇새	이물질		귀	
	양복			화장	
	넥타이			손	손톱
	단추			스커트 주름	주름, 터진 실밥
	소매 끝			스타킹	주름, 터진 올
	바지	주름		구두	
	손	손톱			
	구두	닳은 뒤축			
	양말	색상			

2.2 올바른 회사생활

① 회사 내 에티켓의 기본

- 기업 이미지: 회사의 이미지를 위해 자신을 관리해야 한다.
- 밝은 표정
- 단정한 용모
- 단정한 복장
- 올바른 경어 사용

올바른 사회생활과 회사생활을 위해서 어떤 모습을 보여야 할까?

- 정시에 출·퇴근한다.
- 중식시간을 지킨다.
- 복장은 청결하고 눈에 띄지 않아야 한다.
- 구겨진 옷을 입지 않는다.
- 깨끗이 다림질해서 입는다.
- 의복으로 회사의 이미지도 평가받는다는 점을 유념한다.
- 근무 중에 사적인 행동을 하지 않는다.

예 근무 중 사우나장에 다녀오는 행동
사적인 전화를 오래하는 행동
회사 물건을 사적인 용도로 사용하는 행동
사적인 목적으로 인터넷 검색을 오래하는 행동

- 책상 위에는 사적인 용품이나 불필요한 물건을 두지 않는다.
- 책상 위를 지저분한 상태로 놔두고 퇴근하지 않는다.
- 퇴근시간 전에 퇴근 준비를 하지 않는다.
- 퇴근 인사를 하고 퇴근한다.

예 약속이 있어서 먼저 퇴근합니다.

- 회사의 기밀사항을 잘 관리한다.
- 중요 서류를 책상 위에 방치하지 않는다.
- 식당, 지하철, 엘리베이터 등 공공장소에서 회사 업무 이야기를 하지 않

는다.

- 조직의 분위기에 적응한다.
- 적극적인 자세로 근무에 임한다.
- 스스로 일을 찾는 자세로 일한다.
- 공동으로 사용하는 물품은 사용 후에 항상 제자리에 돌려놓는다.
- 근무 중 개인적인 잡담은 근무의 지루함을 해소하는 청량제 역할을 할 정도만 한다.
- 친한 동료일수록 예의가 중요하다.
- 업무의 생산성을 높인다.
- 이석할 때는 행선지를 분명히 밝히고 상사의 허가를 받는다.
- 외출할 때는 행선지와 목적을 상사에게 알린다.
- 외출지에서 퇴근시간을 넘긴 경우, 상사에게 귀사 여부를 묻는다.
- 외부 출장 일정이 길어지는 경우 상사에게 상황을 설명한다.
- 가장 늦게 퇴근할 경우, 컴퓨터 전원 스위치를 끄고 전등을 소등하고 나간다.

2.3 회사 내 호칭

구분	사례
상급자	김부장님, 저 외부 미팅이 있어서 잠시 외출하겠습니다.
동급자와 하급자	이과장, 나 외부 미팅 때문에 잠시 외출할께요.
상급자에게 보고할 때 중간 상급자의 호칭	박이사님, 김부장은 외부 미팅이 있어서 잠시 외출했습니다.

2.4 상황별 예절

① 상사의 지시가 있을 경우

- 상사가 부르면 "예"라고 답변한다.

- 곧 자기를 부른 상사 앞으로 다가선다.
- 지시사항의 요점을 메모한다.
- 의문사항은 그 자리에서 바로 확인한다.
- 지시사항을 정확히 받기 위해 요점을 복창한다.
- 가볍게 인사를 하고 자신의 자리로 돌아간다.

② 상사에게 보고할 경우

- 지시받은 업무가 종료되면 즉시 보고한다.
- 결론부터 먼저 보고한다.
- 사실만을 보고한다.

③ 중간 보고를 할 필요가 있는 경우

- 결과 예측이 가능한 경우
- 추진 과정에서 문제가 예상될 경우
- 실수를 저질렀을 경우
- 중요한 변경사항이 발생했을 경우

④ 보고서를 지참하고 보고하는 경우

- 서류를 설명할 때 손가락을 모아서 손바닥을 위로 하고 가리킨다.
- 상사가 오른쪽에 있으면 왼손으로 설명한다.
- 상사가 왼쪽에 있을 때는 오른손으로 설명한다.
- 연필 등으로 자료를 가리키지 않는다.

2.5 문서 작성의 기본 예절

- 회사 규격 용지를 사용한다.
- 회사 규격 봉투를 사용한다.
- 정확히 모르는 용어는 사전을 확인한다. (아래한글과 MS WORD의 사전 기능

활용)

- 정확하게 작성한다(아래한글과 MS WORD의 맞춤법 검사 기능 활용).

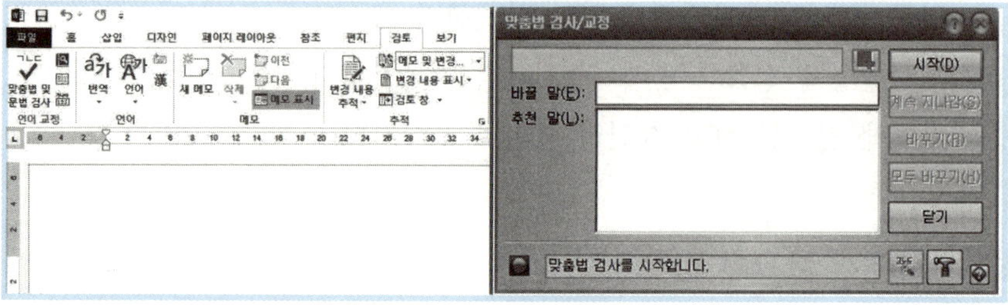

- 간결하고 명확하게 작성한다.
- 알기 쉽게 쓴다.
- 깨끗하게 작성한다.

2.6 회의 예절

회의란 여러 사람이 같은 목적을 놓고 의견을 교환해 하나의 결론을 얻어내는 대화의 방법이다. 하나의 주제를 놓고 여러 사람이 의견을 말하고 때로는 상대방을 설득하고 이해를 구해야 하기 때문에 일반 대화와는 달리 질서가 요구된다.

직장에서의 회의는 업무의 방향을 설정하고, 이를 보다 원활하게 수행하며, 그 과정을 점검하는 데 의의가 있다.

따라서 자기의 가치관이나 판단과 차이가 있더라도 다른 사람의 입장을 존중하여 독불 장군식으로 의견을 개진하지 않도록 하는 것이 중요하다.

① 회의 예절 기본

- 회의의 목적을 이해한다.
- 회의 안건 관련 자료를 미리 찾아본다.
- 참석시간을 준수한다.
- 회의 안건을 회의 참석 인원수에 맞게 프린트한다.

– 요점을 메모한다.
– 다른 참석자의 의견을 경청한다.
– 자신의 의견을 발표한다.
– 회의 결과를 정리한다.

직장에서 회의를 할 때에는 참석자의 입장에 따라 조금씩 다르지만, 일반적으로 다음과 같은 점에 유의하여 이야기하는 것이 바람직하다.

– 발언 내용은 주제에서 벗어나지 않는 것이어야 한다.
– 발언의 차례가 정해져 있는 경우 이를 반드시 지키도록 하며, 차례가 정해져 있지 않더라도 윗사람이나 상사의 발언이 끝나기를 기다려 자기의 의견을 말하도록 한다.
– 누구나 알아들을 수 있도록 정확하고 또렷한 목소리로 말한다.
– 혼자서 너무 오랫동안 발언하지 말고 여러 사람이 의사를 개진할 수 있도록 배려한다.
– 짧은 시간에 요점을 간결하고 알기 쉽게 말한다.
– 의제와 관계없는 사담은 피한다.
– 남의 말을 가로막거나 중단시키는 행위는 삼가야 한다.
– 남에게 불쾌감을 주는 태도나 발언은 금물이다.

② 회의 준비

직장에서는 모두가 각자의 부서에서 바쁘게 일한다. 그러한 귀중한 시간을 내어 회의를 하는 것이기 때문에 모임을 마련하는 입장에서는 사전에 충분한 배려와 준비가 필요하다. 다음은 모임을 주관하는 입장이라는 것을 전제로 한 회의 준비 과정의 한 예이다.

- 목적을 정한다.

회의나 미팅은 모임의 목적이 뚜렷해야 하고, 그 다음에 모임에 필요한 시간과 장소를 정한다.

– 의제를 정한다.
– 시간을 정한다.

– 장소를 정한다.

- 참석자를 정한다.

정례적인 회의에는 참석자가 정해져 있다. 그러나 임시회의는 목적을 정하는 단계부터 유의하지 않으면 안 된다. 회의를 개최해야 할 필요성, 의제, 참가 대상자 선정 등이 이때 확고히 결정되어야 한다. 그 다음에는 언제, 어떠한 형식으로 통지하는가에 대해 신경을 써야 한다.

- 의사 예정표를 만들어 참석자에게 알린다.
  - 의사 일정을 알린다(일시, 회의 장소, 소요시간 등)
  - 참석자들이 할 일을 알린다(정보 발표, 의견 제안 등)
  - 참석자 명단을 첨부하여 배포한다.

- 회의실을 점검한다.

회의실이 확보되면 회의가 원활하게 진행되도록 준비한다. 채광, 음향 시설, 실내 온도, 커튼, 테이블 배치, 이름표, 메모지, 필기도구, 마이크, 프로젝터, 차트, 참고 자료, 음료수와 그 밖에 참석자들에게 걸려 올 전화 처리, 진행 요원 배치 등을 점검한다.

- 시나리오를 작성한다.

회의를 순조롭고 절도 있게 진행시키기 위해 사회자의 시나리오가 필요하다. 시나리오가 준비되어 있지 않으면, 뜻하지 않은 실수를 초래하여 회의의 진행을 엉뚱한 방향으로 이끌어 가기 쉬우며 흐름을 통제하지 못해 분위기가 산만해지기 쉽다.

- 회의록을 작성한다.

③ 좌석 배치

회의의 성패는 참석자들이 어느 만큼 유능하고 성실하게 회의를 운영해 나가느냐에 달려 있지만, 그에 못지않게 중요한 것이 회의에서의 좌석 배치이다.

회의의 성격에 맞게 좌석 배치를 해야 진행이 매끄럽고 의견 교환이 원활히 이루어지게 된다.

회의록에는 다음과 같은 사항이 기재된다. 경우에 따라서는 사전에 참석자 한 명이 작성자로 임명되기도 한다. 필요한 경우에는 회의 내용을 정확히 보존하는 뜻에서 녹음기를 이용할 수도 있다.

- 회의명
- 날짜
- 장소
- 참석자명
- 사회자명
- 의제
- 토론사항, 제안사항, 결정사항

• 회의에서 주의할 점

- 회의 참석자의 이름과 직급의 호칭을 정확하게 부른다.
- 너무 잦은 회의는 업무에 방해가 될 수 있다.
- 좋은 의견을 내야 한다는 부담감을 이겨낸다.
- 의견에 반대하는 상사, 동료, 부하 직원에 대한 부담감을 이겨낸다.
- 회의 참석 전에 핸드폰을 무음이나 진동으로 설정한다.
- 회의 중에 하품을 하거나 팔짱을 끼지 않는다.

2.7 E-mail 및 팩스 예절

E-mail은 가끔 사내 직원끼리 주고받기도 하지만, Fax는 주로 비즈니스 파트너와 대고객에게 발송하게 된다.

E-mail과 Fax를 보낼 때도 지겨야 할 예절이 있다.

① 신속하게 전달되는 장점이 있지만 제대로 전달되지 않는 경우가 있다는 점을 기억한다.

예 ○○○부장님, 방금 전에 ○○○과 관련해서 팩스를 보냈습니다.
제대로 잘 도착했는지 확인 부탁드립니다.

② 정보 전달의 편리성과 신속성을 잘 활용한다.

③ 정보 전달 방법을 고려한다.

예 한국은 아래한글을 사용해서 문서를 만들지만 미국은 MS WORD 등 문서의 방식이 다를 수 있으므로 PDF로 변환해서 보낸다.

④ E-mail 발송 전에 내용을 다시 확인한다.

구분	특징
제목	Email의 발송 목적을 한눈에 알아볼 수 있도록 간결하게 작성한다.
첫 인사말	Dear 성 / Dear Dr. 성 / Dear Prof. 성 / Dear President 성 간단한 인사말을 한다.
내용	본론을 간결하게 작성한다.
맺음말	부수적인 내용과 첨부 파일 여부를 설명한다.
서명	이름, 직책, 회사명, 회사 홈페이지 주소, 우편 주소, 휴대폰 번호, 회사 번호, E-mail 주소, SNS(페이스북 등) 상황에 따라서 휴대폰 번호, SNS는 생략한다.
첨부	정확한 첨부 파일을 선택했는지 재확인한다. 첨부 파일 제목을 첨부 파일의 내용을 간략하게 파악할 수 있도록 설정한다. 예 회사 보고서

Chapter

03 전화 예절

International Manners & Image Making

3.1 전화 응대의 기본 예절

전화는 상대방의 얼굴을 보지 않는 상태에서 이루어지는 커뮤니케이션이므로 특히 예절에 주의할 필요가 있다.

- 신속히 응대한다.
- 자신의 신분을 밝힌다.
- 친절한 목소리로 말한다.
- 통화 내용을 정확히 메모한다.
- 상대를 앞에 두고 대화하는 것처럼 말한다.
- 전화 통화 내용 처리를 철저히 책임진다.
- 첫 인사와 끝 인사를 한다.
- 통화가 끝나면 조금 사이를 두고 살며시 수화기를 놓는다.

전화는 가장 빈번하게 이용되는 의사소통 수단이면서도 상대방을 보지 않고 의사를 전달하기 때문에 여러 면에서 주의가 요구된다. 전화 통화 중의 목소리, 발음, 어휘 선택뿐만 아니라 전화를 받는 태도, 성격까지 상대방에게 전달될 수 있다.

① 음성의 높낮이와 크기

- 단조로운 어조의 음성은 듣는 사람에게 지루하게 들리거나 주의집중해서 경청하기 어렵다.
- 밝고 생기있는 음성으로 전화를 걸고 받는다.

② 말의 속도

- 통화 중에 전문용어나 중요한 정보가 필요할 때 너무 빠르게 말하면 듣는 사람에게 메시지를 제대로 전달할 수 없다.
- 너무 느리게 말해도 듣는 사람이 무시당하는 느낌이 들 수도 있다.

③ 전화 통화 태도

- 통화할 때 상대방에게 친절한 태도로 정확하게 정보를 전달해야 한다.
- 상대가 나의 모습을 보지 못하지만 밝고 명랑한 목소리와 예의바른 태도는 그대로 전달된다.

3.2 상황별 전화 예절

① 전화를 걸 경우

- 상대방의 생활시간(근무, 휴일 등)을 고려한다.
  예 한국의 오전은 미국은 오후
- 전화를 걸기 전에 통화할 내용을 미리 정리한다.
- 자기를 밝힌다.
- 용건을 명확하고 짧게 전달한다.
- 목소리는 천천히 분명하게 발음한다.
- 상대방의 이해 여부를 확인한다.
- 끝 인사를 한다.

② 전화를 받을 경우

- 전화벨이 울리면 바로 받는다.
- 소속을 밝힌다.
- 상대방의 이름을 확인한다.
- 간단한 인사를 한다.
- 용건을 확인한다. 용건을 메모한다.

③ 담당자 부재의 경우

- 통화할 수 없는 이유를 설명한다.
- 돌아올 예정시간을 알린다.
- 메시지 전달 의향을 묻는다.
- 상대방의 성명과 연락처를 메모한다.
- 자신의 이름을 알려준다.
- 끝 인사를 한다.

④ 제3자에게 전화를 넘길 경우

- 찾는 사람을 확인한다.
- 용건을 묻는다.
- 통화자와 연결시킨다.

⑤ 전화가 중간에 끊어진 경우

- 전화를 건 쪽에서 다시 거는 것이 원칙이다.
- 전화번호를 알고 있는 상사나 고객의 경우는 먼저 전화를 걸어 다시 연결한다.

• 겸양어

- 외부 인사에게 자기 회사측 사람을 말할 때는 겸양어를 쓴다.

  예 홍길동 부장이 안부 전해 달라고 했습니다.

  겸양어는 전화뿐만 아니라 직접 대면하고 있는 상태에서 말을 주고받을 때도 동일하게 적용된다.

Chapter 04

대고객 예절

고객에는 두 종류가 있다. MOU 체결 등 사업 Counterpart와의 만남과 백화점·호텔·여행사·병원 등에서 이루어지는 대고객 서비스이다.

4.1 비즈니스 파트너와의 매너

① 비즈니스 매너

비즈니스 매너는 성공적인 사업을 목적으로 이해관계자들 간에 좋은 관계를 만들고 유지하는 데 필수적이다.

② 비즈니스 매너의 기본 원칙

- 상대방에 대한 배려
- 자신의 진가를 보여주는 기회

③ 매너와 비즈니스 매너의 효과 비교

구분	내용
매너의 효과	– 자기관리: 올바른 매너로 말과 행동 그리고 태도와 표정을 바르게 유지함으로써 자신을 매력적인 사람으로 가꿀 수 있다. – 인관관계 강화: 상대를 존중하는 마음이 상대에게 전달됨으로써 상대의 마음을 편하게 하고 상대로부터 호감을 얻을 수 있다.
비즈니스 매너의 효과	– 비즈니스 관계 형성: 상대방에게 좋은 첫 이미지를 심어주어 비즈니스 관계 시작을 보다 원활하게 이끌 수 있다. – 비즈니스 관계 강화: 상호 신뢰를 바탕으로 미래 지향적이고 발전적이면서 성공적인 비즈니스 결과를 이끌어 낼 수 있다.

4.2 서비스분야 종사자의 대고객 예절

1·2차 산업의 종사자에게도 예절은 중요하지만, 특히 호텔, 항공사, 여행사, 병원 등과 같은 고객을 직접 대면하는 서비스분야에서 일하는 종사자에게 있어서 예절은 더욱 강조되고 있다.

서비스 종사자에게 필요한 것은 무엇일까?

- 서비스 마인드
- 긍정적인 마인드
- 성실함
- 책임감
- 이해심과 배려
- 자신감
- 리더십
- 자긍심
- 꾸준한 자기계발
- 좋은 유대관계
- 미소 노동(감정 노동) 관리 노하우

① 고객을 대하는 태도

고객을 대할 때 어떤 태도와 마음 자세가 필요할까?

• 몸이 아니라 눈으로 말한다.

인간의 몸이 천량(千兩)이면 눈이 구백량(九百兩)이라는 말이 있다. 눈으로 보고 느낀 물건이나 일을 판단한다. 점포 내에서는 보이는 물건 대부분이 판단의 대상이지만, 특히 고객의 눈에 보이는 대상은 움직이고 있는 점포의 점원이다.

사람이 사람을 보고 무언가를 판단할 때 가장 많은 것은, 앞에 있는 저 사람이 자신에 대해서 어떠한 태도를 나타내고 있는가 하는 것으로, 이것에 대한 확신을 갖는데는 오랜 시간이 걸리지 않는다.

즉, 거의 보는 순간에 선한지 악한지, 그저 그런지, 싫은지 나쁜지, 왜 말이 없을까 등의 감정의 정리가 끝나 버리는 것이다.

그런 의미에서 고객은 직원을 한눈에 보고 읽어버리는 달인(達人)이라고 보면 틀림이 없다. 그것도 얼굴의 표정만이 아니라, 몸 전체에서 손발의 움직임까지, 자신의 판단 기준으로 읽어서 평가해 버린다.

고객 자신이 스스로 판단에 의해서, 이 가게를 앞으로도 계속해서 이용할 것인지, 이번 한 번으로 발걸음을 끊어버릴 것인지를 생각하는 것이다.

• 손(手)의 움직임은 바로 마음의 표현을 나타낸다.

사람은 움직이는 물체를 따라 눈이 움직이게 되어 있다. 사람이 사람을 대할 때, 몸에서도 가장 먼저 얼굴로 눈길이 가고, 그 다음으로 손의 움직임으로 눈길이 간다.

따뜻하게 고객을 맞이할 때, 양손을 앞으로 하여 왼손을 위로하고, 오른손을 아래로 하여 포개놓는다. 이것은 사람을 공격할 수 있는 오른손을 눌러둔다는 의미가 있다. 고객을 맞이할 때에도 이같이 가볍게 손을 맞잡는 것이 좋다.

• 발(足)의 움직임은 마음의 내면을 나타낸다.

고객에게 다가갈 때의 발의 움직임은 매우 중요하다. 단정하지 못한 발의 움직임을 본 고객은, "자신을 환영하고 있지 않구나, 팔고 싶은 마음이 없구나" 하고 느껴버린다. 마음은 발끝에서도 나타난다.

우선, 고객을 환영할 때의 발끝은 그 고객을 똑바로 향하게 된다. 귀찮다든가 하는 생각이 있을 때는 자연스럽게 딴 쪽을 향하게 된다. 대부분의 사람의 마음의 움직임은 우측 발보다는 좌측 발에 나타난다.

사람이 움직이는 방향은 왼쪽 발이 축이 되어 방향을 정하게 되기 때문이다. 보통 오른쪽 발은 쉽게 움직이기 때문에 오른쪽으로 주의하여 나아가지만, 몸은 왼쪽 발을 축으로 하고 있다.

이것은 고객에게 있어서도 마찬가지로 적용된다. 어떤 상품에 대하여 흥미가 있는 경우, 발이 그쪽을 향하게 된다. 예를 들면, 자신과 떨어져 있는 다른 상품에 마음이 있을 때, 무의식적으로 왼쪽 발이 그쪽을 향하고 있는 경우가 많다.

고객이 빨리 일을 끝내고 나가야겠다고 생각하고 있을 때, 그 표정은 발끝에서 가장 먼저 나타나게 된다.

② 서비스 분야 여성의 인사 자세

▶ 서비스 분야 근무 복장의 기본 콘셉트

- 깔끔한 이미지
- 단정한 이미지
- 차분한 이미지

▶ 손의 모양

- 남자: 왼손이 오른손 위로 올라온다.
- 여자: 오른손이 왼손 위로 올라온다.

③ 전화로 불만 고객 응대

서비스 분야에 고객을 직접 응대하다 보면 고객 중에 불만 고객을 만나게 된다. 만약 이런 고객의 불만 전화와 직접 대면한 상황에서 불만 고객을 만나면 어떻게 응대해야 할까?

- 끝까지 잘 듣는다.
- 정중히 사과한다.
- 해결 방법을 제안하거나 확인한다.
- 상대방의 잘못된 태도를 지적하지 않고 냉정한 자세를 유지한다.

④ Face to Face 불만 고객 응대 방법

- 경청한다.
- 고객의 불만에 공감한다.
- 고객불만의 원인을 파악한다.
- 정중하게 사과한다.
- 문제의 해결책을 함께 검토한다. 해결 가능여부 또는 해결 방안 결과를 최대한 신속하게 고객에게 알려준다.
- 고객의 용서와 이해에 감사드린다.

Chapter

05 복장 예절

International Manners & Image Making

5.1 남성 복장

- 복장이 신사와 숙녀를 만들지는 못하지만, 좋은 첫인상을 줄 수 있다. 복장을 통해서 메시지가 전달된다.
- 악수를 하고 인사를 하기 전에 자신의 복장 매무시를 살펴보아야 한다.
- 행사 및 미팅 종류에 맞게 복장을 갖추어 입어야 한다.
  예 장례식: 검은색 정장
- 행사 및 미팅 종류에 맞게 복장의 색상을 결정해야 한다.
  예 Business Attire를 요구하는 사교행사: 검은색 정장
- 잡지의 모델이 입고 멋있어 보이는 옷을 무작정 구입해서는 안 된다. 모델은 매우 마른 체형이며 신장이 크다는 점을 고려해야 한다.
- 사람이 많은 행사 공간에서 너무 눈에 띄는 옷을 입지 않도록 한다.

① 모자

- 햇살이 강하거나 날씨가 추우면 모자를 착용할 수 있다.

- 보트를 탈 때 착용할 수 있다.
- 성당과 교회에서는 모자를 벗어야 한다.
- 공공건물 안에서는 모자를 착용해도 된다.
- 유대인은 결혼식과 장례식 등에서 Yarmulke라는 모자를 착용한다.
- 단거리 열차와 버스 안에서는 모자를 착용하거나 모자를 손에 들고 있어도 된다.
- 장거리 열차와 버스에서는 모자 착용이 불편하므로 모자를 선반에 올려놓는다.
- 장례식에서는 모자를 벗고 있어야 한다.
- 애국가가 울릴 때, 기도를 할 때에는 야구 모자, Stocking Cap은 벗어야 한다.

Stocking Cap

- 소개를 받았을 때, 여성과 인사할 때, 나이 많은 사람과 인사할 때는 모자를 살짝 벗어 올려야 한다. 동료의 남성을 만났을 때는 모자를 벗을 필요가 없다.

모자를 살짝 벗어 올리는 행위의 역사는 중세로 거슬러 올라간다. 상대방에게 싸울 의사가 없음을 알리는 제스처로 전투 헬맷을 벗으면서 유래되었다. 중세의 기사들은 여성 앞에서 전투 헬맷을 벗었다. 기사들이 임무수행 중이 **아니며 여성**

을 납치해서 몸값을 요구할 의사도 없음을 알리는 제스처였다.

② 머리

- 머리를 단정하게 보이도록 잘라야 한다.
- 손톱을 단정하게 잘라야 한다.
- 포마드(Pomade) 냄새가 너무 강하지 않도록 한다.
- 헤어 스프레이를 사용하지 않도록 한다.
- 결혼식, 면접시험, 사교 행사에서 새로운 머리 스타일을 시도하지 않는다.

③ 치아

- 치아 관리를 잘 해야 한다.
- 치아 사이에 음식물이 끼어 있는지 확인한다.
- 잘 관리되지 않은 치아는 깔끔한 복장의 가치를 반감시킬 수 있다.
- 화장으로 떡칠(Pancake makeup)을 해서는 안 된다. 화장이 옷에 묻을 수도 있다.

④ 코털

- 코털을 제거해야 한다.
- 코털을 손으로 뽑으면 감염이 될 수 있으므로 코털 제거 가위를 사용한다.

⑤ 향수

- 신사에게 콜론(Cologne)은 액세서리이다.
- 콜론은 냄새를 제거할 목적으로 사용해서는 절대 안 된다.
- 콜론은 양복, 포켓, 손수건, 목에 가볍게 하는 것으로 충분하다. 만약 상대방이 콜론의 브랜드명까지 맞출 정도면 많이 뿌린

것이다.

⑥ 면도

- 면도도 단정하게 해야 한다.
- 신사는 하루에 2회 면도를 해야 한다. 만약 피부가 민감하다면 하루에 1회만 한다.
- 면도를 하기 전에 뜨거운 물로 충분히 피부를 적셔준 후에 면도를 한다.
- 거품은 수염이 난 방향과 반대방향으로 바른다.

⑦ 목

- 양복을 입기 전에 향기가 나지 않는 로션을 목에 발라준다.

⑧ 넥타이

- 넥타이를 잘 골라 입어야 양복이 돋보인다.
- 양복 상의 주머니 손수건(Pocket Handkerchief)과 일치하지 않은 넥타이를 매야 한다.

- 넥타이가 너무 길어서 바지 벨트 안으로 들어가면 안 된다.
- 신장이 큰 사람은 넥타이가 짧아 보일 수 있으므로 긴 넥타이를 별도 구입해서 착용해야 한다.
- 넥타이 및 Bow Tie 착용 전에 양치질을 해야 한다.
- 넥타이를 너무 꽉 조여서 넥타이에 주름이 잡히지 않도록 한다.

- 손을 씻을 때, 넥타이를 목 뒤로 넘겨서 넥타이가 물에 젖지 않도록 한다.
- 음식이 넥타이에 튀지 않도록 주의한다.

- Ascot은 벨벳 자켓을 입을 경우에만 착용해야 한다.

※ 넥타이의 길이는 벨트의 버클을 약간 덮는 정도가 적당하다. 넥타이 색상은 양복과 동일한 색상이거나 보색이 무난하다.

※ 조끼를 입을 때는 넥타이가 조끼 밑으로 나와서는 안 된다.

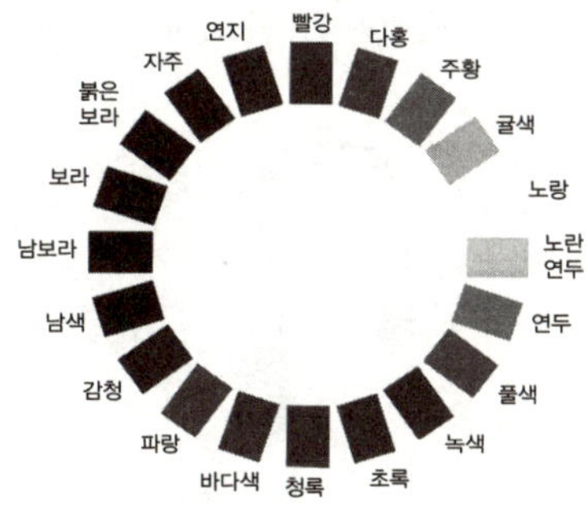

넥타이 매는 방법

▶Full Windsor Knot

▶Half Windsor Knot

▶ Four-In-Hand Knot

▶ Bow Tie 매는 방법

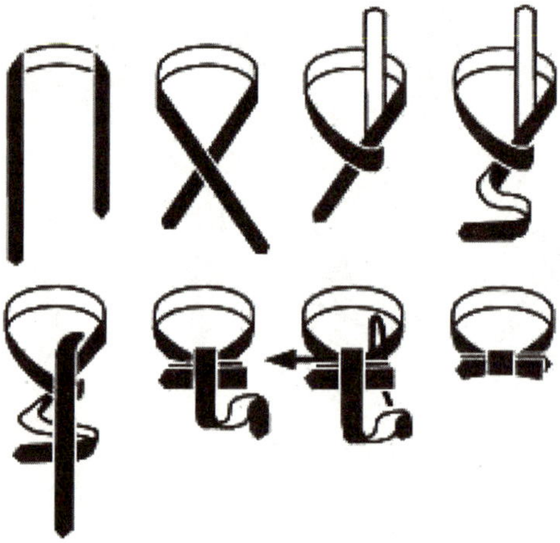

⑨ 셔츠

- 신사는 자기 사무실에서 단추를 풀고 있어도 된다. 그러나 약속이 있거나 점심식사를 하기 위해서 밖으로 나설 때, 단추를 다시 바르게 채워야 한다.
- French Cuff는 심플한 것으로 착용한다.

- 신사는 반팔 셔츠를 입지 않는다.
- 셔츠는 팔을 뻗지 않은 상태에서 양복에서 1.5cm 정도 나와야 한다.
- 셔츠에 얼룩이 있으면 소다수를 사용하거나 화장실의 더운 물로 제거한다.

● Collar의 종류

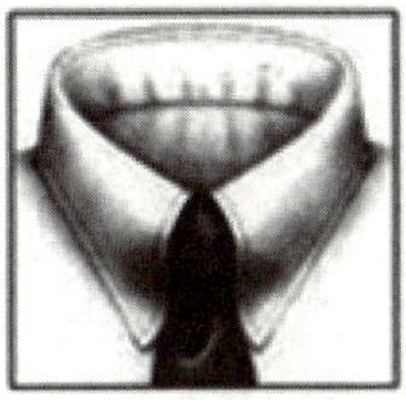
Narrow Spread Snap Tab

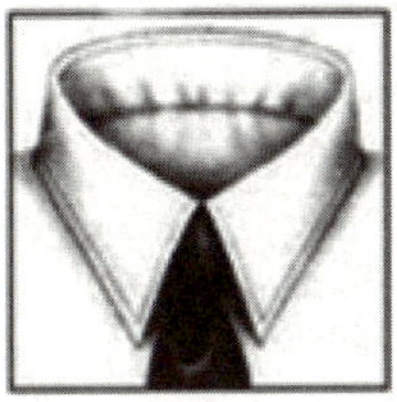
Narrow Spread

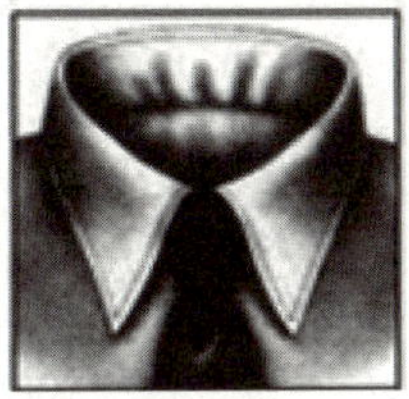
Medium Spread

Medium Spread Button Down

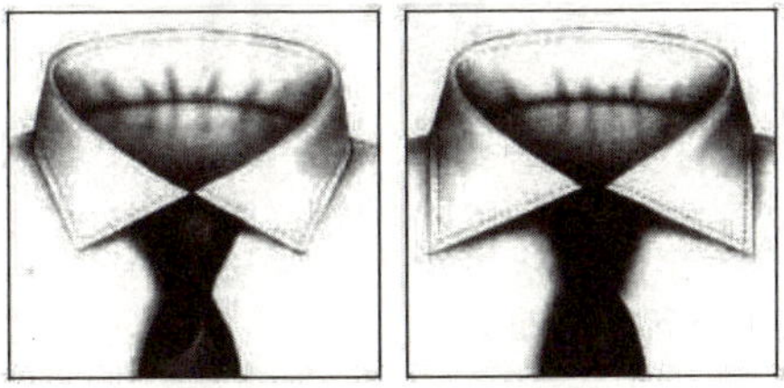
Wide Spread Snap Tab

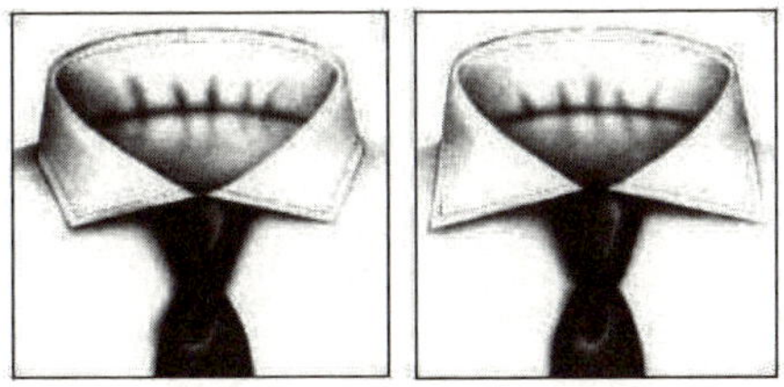
Extra Wide Spread

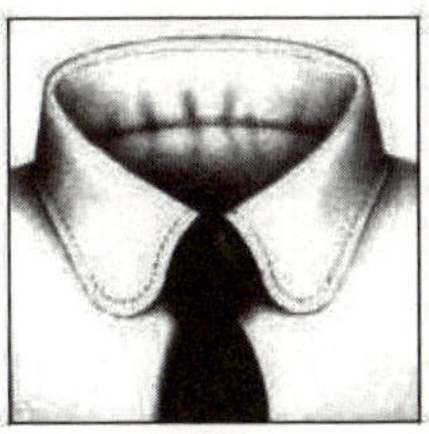
Round Point

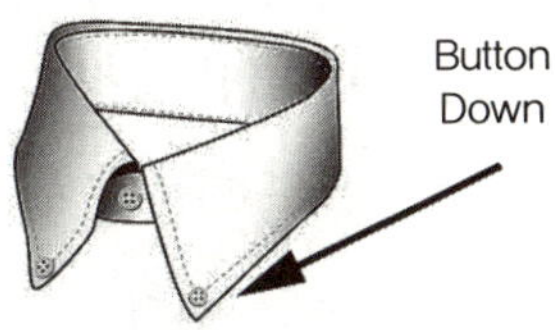

- 공식 행사에는 Button down collar를 입지 않는다.
- Bow Tie를 맬 때는 Wing Collar를 입는다.
- 셔츠에 주름이 잡혀 있으면 안 된다.

⑩ 복장 코드(Dress Code)

Dress Code 종류	복장 특징
Black Tie	턱시도
White Tie	화이트 타이
Black Tie Optional	턱시도, 검은색 정장
Semiformal	검은색 정장
Festival Informal	양복
Cocktail Attire	검은색 정장 또는 Sports Coat
Business Attire	정장
Business Casual	Sports Coat, 넥타이는 옵션으로 선택 가능 
Casual Chic	Sports Coat, 스웨터
Casual	청바지, 반바지

- Morning coat: 오전과 오후에 열리는 사교행사에 입는다.
- Tailcoat: 승마할 때 입기 편하도록 만들어졌던 것에서 유래하며, 오후 또는 저녁 행사에 착용한다.
- 저녁 6시 이후에 열리는 사교행사에서 Business Attire를 입도록 요구했다면 어떤 복장으로 가야할까?

▶Business Attire에는 검정색 구두를 신어야 한다.

❶ ❷ ❸

– Business Casual은 Business Suit보다 가벼운 복장이다.

▶ Business Casual(여성복)

▶ Business Casual(남성복)

– 만찬 식사에 참석할 때, Wing Tip 신발은 착용하지 않는다.

– 구두는 단정하게 보일 수 있도록 잘 닦아야 한다.

⑪ 양말

– 양말에 구멍이 없는지 확인한다.

– 양말이 늘어졌으면 새 양말로 교체한다.

– 양말의 목이 짧은 것은 품위를 떨어뜨릴 수 있다.

– 앉은 자세에서 살이 드러나서는 안 된다.

⑫ 벨트

– 벨트의 색상은 구두와 일치해야 한다.
– 버클이 큰 것은 청바지를 입을 때만 착용한다.

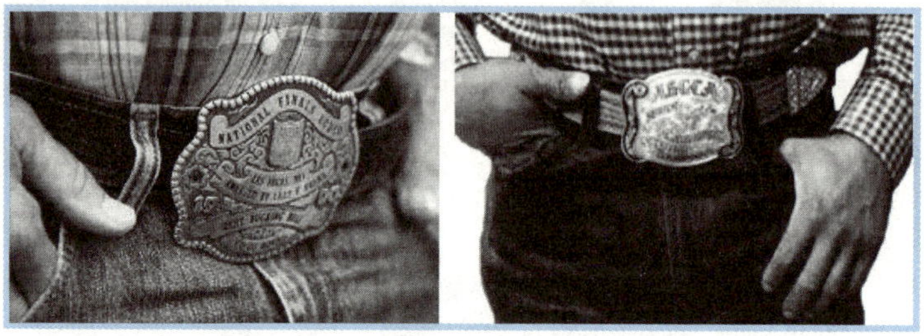

⑬ 멜빵

– 멜빵을 착용했을 때는 벨트를 차지 않는다. 벨트를 찼을 때도 멜빵을 착용하면 안 된다.

⑭ 속옷

– 깨끗한 속옷을 입는다.
– 해외 출장 중일 때는 사각형 속옷을 준비한다. 사각형 속옷이 삼각형 속옷보다 더 빨리 마른다.

⑮ 장갑

– 추운 겨울에는 장갑을 착용한다. 손을 따뜻하게 유지해서 악수를 할 때 좋은 느낌이 전달될 수 있도록 장갑을 착용한다.
– 악수를 할 때 장갑을 벗어야 한다.
– 화이트 타이를 착용했다면 흰색 장갑을 착용한다.

⑯ 손수건

- 신사는 손수건을 2개 휴대해야 한다.
- 하나는 동석한 여성이 필요로 할 때 제공한다.
  - 예 눈물을 흘릴 때
- 다른 하나의 손수건은 본인의 코를 푸는 데 사용한다.
- 신사는 상대에게 손수건을 빌려주었다면 다시 돌려받지 않는다.
  - 예 코를 풀었거나 기침을 했을 때

- 양복 상단에 넣는 손수건(Pocket Square) 접는 방법

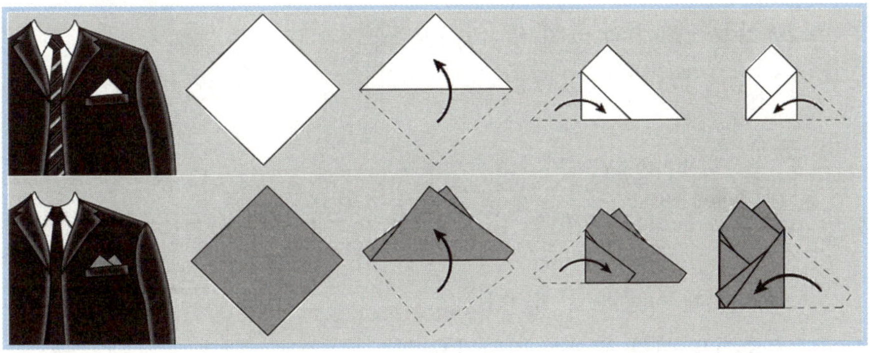

5.2 여성 복장

① 머리

- 염색을 피하고 단정히 한다.
- 자주 세발하여 청결을 유지한다.

② 정장

- 무늬가 없는 무지천으로 된 옷을 입는다.
- 자신의 체형을 고려한다.
- 장마철에는 면이나 마 등 천연 소재를 피한다. 비에 젖으면 잘 마르지 않고 구김이 많이 간다. 실크는 얇아서 젖으면 몸에 달라붙을 뿐만 아니라

소재가 수축되어 회복될 수 없는 변형이 일어난다. 데님(Denim)은 비에 젖으면 냄새가 난다. 비 오는 날에는 폴리에스테르 등 합성섬유 혼방 소재의 H라인과 A라인 스커트를 입는다.

③ 액세서리

- 간결하면서도 복장에 잘 어울리는 액세서리를 한다.
- 주렁주렁 액세서리를 달면 천박하게 보인다.

④ 향수

- 향수를 지나치게 많이 뿌리지 않는다.

⑤ 손수건

- 핸드백에 항상 손수건 또는 휴지를 가지고 다닌다.
- 동일한 손수건으로 코도 풀고 땀도 닦는 것보다 휴지를 가지고 다니면서 필요할 때 사용하고 버린다.
- 손수건은 연한 색상이 바람직하다.

⑥ 스커트

- 너무 짧은 치마를 입지 않는다.
- 치마가 짧으면 앉을 때 스터트를 손으로 잡아 당기거나 손수건 또는 핸드백으로 가려야 하는 어색한 분위기를 연출할 수 있다.

⑦ 스카프

- 90 × 90 또는 110 × 110 크기의 스카프를 활용해서 포근하고 여성스럽게 연출한다.

⑧ 스타킹

- 주름이 잡히거나 올이 터지지 않도록 세심한 신경을

쓴다.

- 피부색에 가까운 색상을 선택한다.
- 원색이나 무늬가 있는 스타킹을 삼가한다.

⑨ 구두

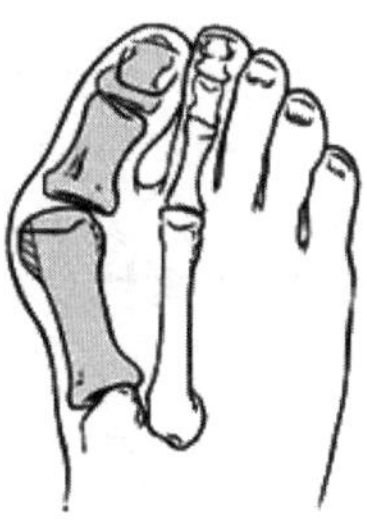

- 장례식에서는 검은 색상의 구두를 신는다.
- 사무실에서 샌들로 바꿔 신는 것보다 굽이 낮은 신발로 갈아 신는다.
- 굽이 높은 하이힐을 오래 신으면 무지외반증에 걸릴 가능성이 높다.

⑨ 손톱

- 숙녀는 손톱을 잘 손질하고 있어야 한다.

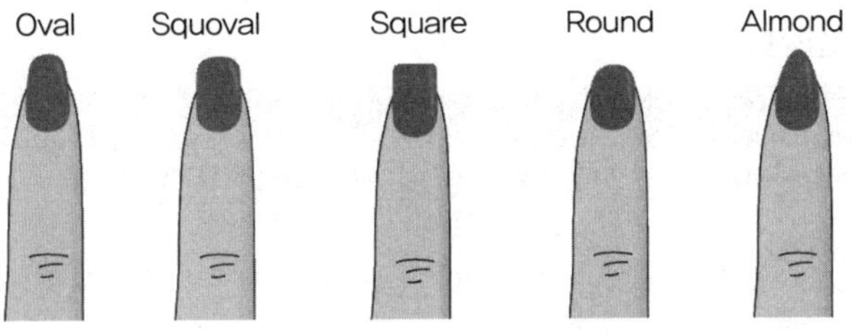

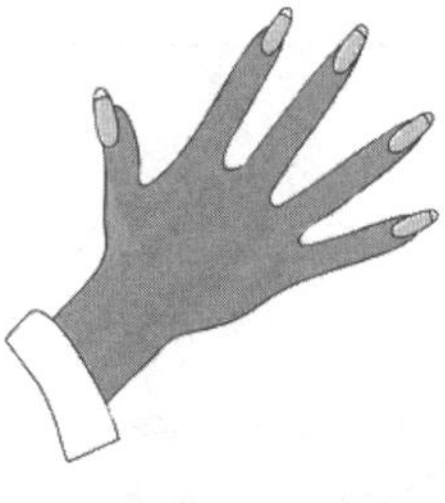

- French Nail은 손톱을 두 가지 색상으로 칠하는데, 손톱 Body보다 끝을 보다 밝은색으로 칠한다.
- Gradation Nail은 손톱 Body로 갈수록 점차 연해지는 방식으로 매니큐어를 칠한다. Gradation Nail의 장점은 손가락의 길이가 짧은 분들에게 손가락이 길어 보이는 효과가 있다.

- 항공사 스튜어디스, 호텔 웨이트리스, 병원코디네이터 등 서비스 종사자의 경우, 손톱이 청결하게 보이도록 살색보다 진한 색상으로 매니큐어를 칠한다. 만약 연한 색상으로 손톱을 칠할 경우, 손톱 안이 보일 수 있다. 서비스 종사자는

손톱을 컬러풀하게 칠하거나 파란색은 칠하지 않는다. 항공사 스튜어디스 등 서비스 종사자는 입술을 선명한 색상으로 칠하고 Full Makeup을 해서 승객들에게 생기있게 보이도록 한다.

- 여성들끼리 본격적인 비즈니스 대화를 시작하기 전의 Small Talk 주제로 손톱에 대해서 시작하면 좋다.

5.3 상황별 복장

① 칵테일 파티

- Business Suit 또는 짙은 색상의 Sports Coat를 입는다.

② 장례식

- 짙은 색상의 양복
- 심플하고 깔끔한 양복
- 단색의 넥타이 또는 심플한 패턴의 넥타이를 착용한다.
- 짙은 색상의 양말
- 검은색 구두

③ 사교행사

- 사교행사에는 어떤 복장을 입고가야 할까?

• 남성

- 청색, 검은색, 흑곤색 계열
- 흰색 와이셔츠에 넥타이 착용
- 단정한 머리
- 구두 착용
- 넥타이와 수트는 동일 색 계열

※양복 주머니에는 물건을 넣지 않는 것이 좋다. 보기

에 좋지 않을 뿐만 아니라 양복의 모양이 변한다.

- 여성
  - 상하의가 같은 색상의 투피스
  - 흰색 블라우스와 검정색 치마
  - 앞여밈을 열지 않은 정장(단추를 풀지 않은 정장)
  - 단정하고 수수한 느낌의 정장
  - 샤넬 라인(무릎)에서 위로 5cm
  - 바지 정장도 가능하지만 단추를 채워서 입어야 한다.
  - 그물, 색상, 반짝이 스타킹은 금물
  - 핸드백 및 서류가방 겸용 무난(검정색, 짙은 와인색)

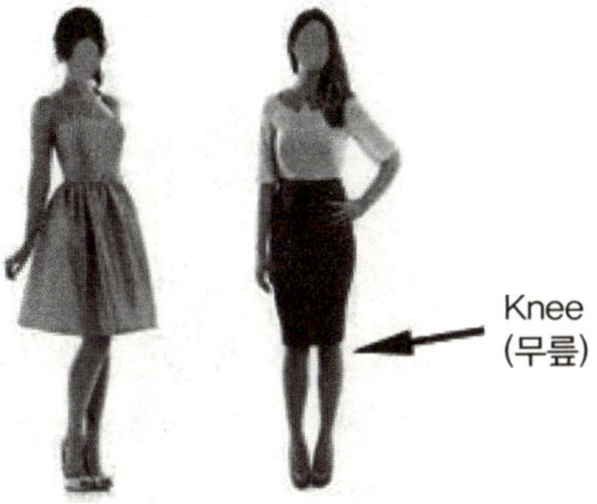

- 남성: 연미복

● 여성: 이브닝 드레스(실크, 민소매에 긴 옷자락)

Chapter

06 인사 예절

International Manners & Image Making

6.1 인사 기본 자세

대인예절의 기본은 인사이다. 인사는 말 그대로 '사람의 일'이다. 사람의 도리란 진정과 진실을 그 마음속에 가지고 그 마음을 행하는 것이다. 그 도리를 다 하느냐 아니냐에 따라 그 사람의 품격이 정해진다.

타인이 자기를 알아보지 못하더라도 자기가 알면 인사한다. 상대가 인사하기를 기다리지 않고 먼저 본 사람이 인사한다. 비록 연령 차이가 있더라도 연장자가 연하자에게 연령에 의한 각별한 예우를 받으려고만 하지 않는다.

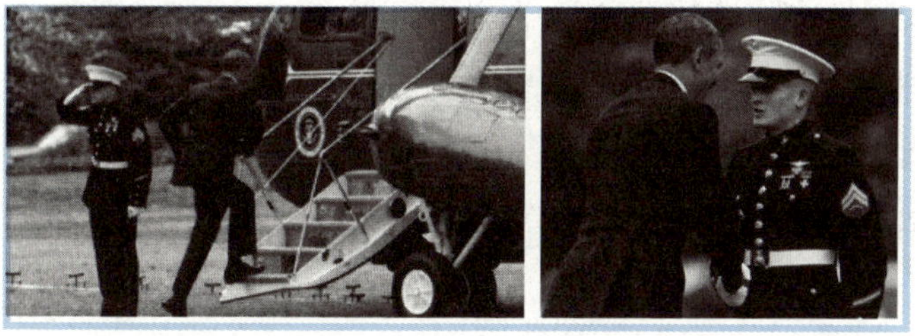

인사를 받는 사람도 예의바르게 받아야 한다. 미국 오바마 대통령은 전용 헬기에 급하게 탑승하면서 미해병대 병사의 경례를 받지 못하고 탑승했다가 잠시 내려서 해병대 병사에게 미안하다는 의미에서 악수를 하고 있다.

사람과 사람이 만나는 사이는 정중하고, 즐거워야 하고, 다정해야 하고, 예의 바르게 하는 것이 바른 인사이다. 가정이든 사회생활이든 정이 깃든 인사는 많이 자주 할수록 좋다.

① 인사할 때 시선 처리

국적별	눈 마주침
한국	상대의 미간을 본다. 고개를 숙여서 인사할 경우 상대의 발을 본다.
미국, 유럽	상대의 눈을 본다.
일본	고개를 숙여서 인사를 하며 상대의 발을 본다.

- 상급자나 연장자의 경우, 약간의 목례로 정중한 인사
- 밝고 명랑한 표정과 목소리
- 단정한 자세

② 인사로 전달되는 메시지

- 상대방에 대한 존중
- 상대방에 대한 호감
- 원만한 대인관계 형성의 의지
- 자신의 인격과 교양의 표현

③ 인사의 효과

- 좋은 인간관계 형성
- 성공적인 비즈니스 결과
- 상대방에 대한 존경심과 친밀감의 표현
- 기업 조직 내 활력
- 대외적으로 국민 수준 평가 상향

6.2 올바른 인사

- 인사는 많이 할수록 좋다.
- 사람과의 만남은 즐거워야 하고, 다정해야 한다. 그러한 마음을 예의 바르게 표현하는 행동이 바른 인사이다.
- 인사는 많은 예절 가운데서도 가장 기본이 되는 예절로서, 상대방에게 마음속에서 우러나오는 존경심과 반가움을 나타내는 형식의 하나이다.

① 만날 때 인사

예 A: How are you?

B: Fine, thank you.

② 헤어질 때 인사

예 It was nice to meet you.

It was a pleasure meeting you.

▶ 바람직하지 않은 인사

- 눈을 마주치지 않고 고개를 먼저 숙이는 인사
- 머리만 까닥거리는 인사
- 턱을 올리는 인사
- 고개를 옆으로 돌리는 인사
- 목덜미가 보이는 인사
- 발뒤꿈치와 무릎이 많이 벌어진 인사
- 인사말의 끝을 얼버무리는 인사
- 인사말의 경어를 잘못 사용하는 인사

  예 수고했어요. (×)

  수고하셨습니다. (○)

③ 인사하는 시기

- 일반적으로 30보 이내에서(인사대상과 방향이 다를 때)

– 가장 좋은 시기는 6보 정도 앞에서(인사대상과 방향이 마주칠 때)

– 측방이나 갑자기 만났을 때에는 즉시한다.

6.3 국가별 인사 방법

① 한국인

– 양발을 가지런히 모은다.

– 상대의 눈을 보고 밝은 미소로 인사한다.

– 고개를 숙여 인사를 하고 잠시 멈춘다.

– 상체를 천천히 올린다.

- 미국 오바마 대통령이 일본 문화에 맞게 일본 천황에게 인사하는 모습
- 네팔 국왕 내외가 일본 황후를 만났을 때의 모습
- 한일관계를 고려한 이명박 대통령의 일본 천황 인사 모습

② 일본인

– 상대의 눈을 보고 밝은 미소로 인사한다.

– 고개를 두 차례 숙여서 인사를 한다.

– 고개를 숙일 때마다 고개를 숙인 채 잠시 멈춘다.

③ 미국인

– 상대의 눈을 본다.

– 밝은 미소로 인사한다.

④ 유럽

– Kissing Air: 볼을 맞댄 상태에서 목소리로 키스 소리를 낸다.

– 여성이 먼저 악수를 청할 수 있다.

∘ 프랑스 대통령과 퍼스트 레이디 역할을 하던 칼라 브루니

∘ 이탈리아 수상인 실비오 베를루스코니는 포옹을 원하고 오바마 대통령 부인은 악수를 청하고 있다.

∘ 미국 부시 전 대통령이 사우디아라비아 로얄 패밀리와 키스를 한 후 손을 잡고 걷고 있다. 부시 전 대통령이 아랍 문화에 맞추어 준 것이다.

⑤ 북한 방문 중 인사 예절

북한은 머리를 숙여서 45도 인사와 15도 인사가 있으며, 악수를 하지 않는다. 만약 북한을 방문 중에 금수산기념궁전에서 참배했다면 어떻게 될까?

우리나라 재판부에서는 금수산기념궁전 참배에 대해서 동방예의지국인 대한민국에서 평소 이념적 편향성이 뚜렷하지 않은 사람의

단순한 참배 행위는 망인의 명복을 비는 의례적인 표현(예식)이라고 볼 수 있으며, 이념의 장벽을 초월해 한 겨레의 평화적 통일을 염원하는 대승적 견지에서 이해할 여지도 있고, 이미 고인이 된 북한 지도자의 시신이 안치된 시설에서 소극적으로 참배한 행위만으로 반국가단체의 활동에 동조했다거나 국가의 존립·안전이나 자유민주적 기본질서에 실질적 해악을 끼칠 명백한 위험성이 있다고 속단할 수 없다고 판결했다.

북한 공중 예절

최근 북한에서는 휴대전화기의 보급이 확대되면서 휴대전화기 예절을 강조하고 있다. 휴대전화기(북한 용어: 손전화기)를 사용할 때 벨소리가 크게 울리지 않도록 하고 통화할 때 목소리도 낮추거나 고상하게 한다.

극장(공연장)과 같은 공공장소에서는 휴대전화의 벨소리가 크게 울리지 않도록 한다. 공연장에 들어갈 때는 핸드폰의 전원을 끄거나 공연장 밖에 별도로 보관한다.

버스 안에서 큰 소리로 통화를 하면 주위의 눈총을 받을 수 있는 만큼 가급적 작은 목소리로 짧게 통화하는 것이 예의이다.

- 국가별 인사 방법

국가 및 문화권별	인사 방법
중국	– 허리를 굽혀 정중히 인사
일본	– 허리를 여러 차례 굽히면서 인사
인도	– 양손을 입에 붙였다 떼었다 하면서 서로 포옹
동남아	– 와이: 두 손을 합장하고 머리를 숙여 인사
유럽 국가	– 왼발을 뒤로 빼고 오른발 무릎을 굽혀 허리를 굽혀 인사(주로 부인들이 왕이나 왕족을 만날 때 인사 방법) – 남자가 여자에게 악수할 때, 상반신을 굽혀 여자의 손을 가볍게 잡고 손가락에 가볍게 입술을 댄다. (Kissing Hand)
러시아	– 포옹
라틴 아메리카	– 포옹 – 남자가 여자에게 악수할 때, 상반신을 굽혀 여자의 손을 가볍게 잡고 손가락에 가볍게 입술을 댄다. (Kissing Hand)
중동	– 남녀간 악수 금지
이스라엘	– 상대방 어깨를 잡음

6.4 인사 각도의 의미

어느 동작이건 흐트러짐 없이 단정하게 한다는 기분만 있으면 특별히 신경을 쓰지 않아도 잘 될 수 있을 것이다. 중요한 것은 바로 마음이다.

서 있는 자세, 앉아 있는 자세, 걸음걸이, 인사하는 자세만 제대로 익히고 그대로 실천한다면 어느 누가 보아도 제대로 되었구나 하는 느낌이 들 수 있을 것이다.

기본이 제대로 되어 있어야 다른 동작들도 아울러 품위 있고 교양 있게 보인다는 것을 잊지 말아야 한다.

① 15도: 목례(가벼운 인사)

- 화장실 또는 복도에서 만났을 때
- 엘리베이터 안에서 마주쳤을 때
- 2회 이상 반복해서 만날 때

② 30도: 보통례

- 비즈니스 목적으로 만나고 헤어질 때
- 상사, 고객 등에 대한 인사

③ 45도: 정중례(존경의 의미)

- 공식 행사에서 청중에게 인사할 경우
- 입사 면접을 볼 때
- 감사의 뜻을 전할 때
- 사죄를 할 때

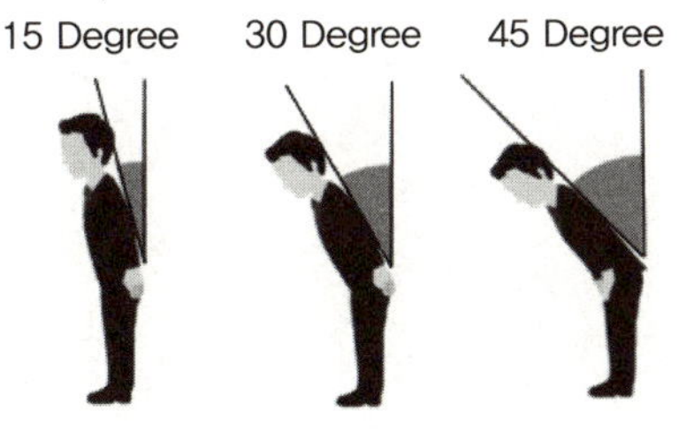

상체를 들어 올린 후 상대와 시선을 맞추고 미소로 상황에 맞는 인사말을 전한다. 상대와 악수를 할 때, 손에 힘을 적당히 가하고 가볍게 흔든다.

빌게이츠가 한국에 와서 박근혜 대통령과 악수할 때 주머니에 손을 넣어서 한국인들이 무례하다고 느꼈다.

IMF 총재, 독일 총리, 프랑스 대통령과 악수할 때는 해당 국가에서 빌게이츠가 무례하다고 언론에서 떠들지 않았다. 왜 그랬을까? 이것이 바로 문화적 차이인 것이다.

Chapter

07 악수 예절

7.1 악수의 3요소

- Firm Handshake
- Eye Contact
- Smile

- 악수는 원래 서양의 인사 방식이었으나 보편적인 인사 방식으로 널리 보급되어 자리 잡았다.
- 가볍게 아래·위로 1~3회 정도 흔들다. 흔드는 정도는 윗사람에게 맞춘다.
- 상대가 아플 정도로 힘주어서는 안 된다.
- 어른이 먼저 청해야 아랫사람이 악수할 수 있다.
- 같은 또래의 남녀 간에는 여자가 먼저 청해야 악수한다.
- 상대가 동양인인 경우, 아랫사람은 악수를 하면서 허리를 약간 굽혀 경의를 표시한다.
- 두 손으로 혹은 한 손을 받쳐서 악수하는 것은 실례이다.
- 남자는 반드시 장갑을 벗고, 여자는 장갑을 끼고 해도 무방하다.

- 친분이 깊거나 오랜 만에 만난 경우, 가벼운 포옹과 볼에 키스(Kiss on Cheek)을 한다.

7.2 악수 기본 자세

- 악수를 하면서 허리를 구부리거나 손을 너무 꽉 잡거나 악수하는 손을 위·아래로 세게 흔들거나 힘없이 손을 잡거나 마지못해 잡힌 것처럼 슬그머니 빼는 것은 바람직하지 못하다.
- 악수는 짧게 약 5초 정도한다. 악수를 한 채 성명, 직업 소개, 간단한 인사 정도를 한다.
- 팔을 너무 앞으로 뻗거나 상대방의 손을 세게 흔들지 않는다.
- 외국인과 인사할 때, 상급자나 연장자에게 지나치게 허리를 굽히지 않는다.
- 여자의 경우, 앉은 채로 악수해도 된다.
- 여성은 앉아서 악수를 해도 된다.

7.3 악수를 청하는 순서와 예절

- 같은 또래의 남녀 간에는 여자가 먼저 청해야 악수한다.
- 남녀 간의 악수도 상하 구별 시는 웃어른이 먼저 청한다.
- 아랫사람은 악수를 하면서 허리를 약간 굽혀 경의를 표해도 좋다.
- 두 손으로 악수하는 것은 실례이다. 단, 웃어른은 깊은 정의 표시로 할 수 있다.
- 남자는 반드시 장갑을 벗어야 하나, 여자는 장갑을 끼고 악수해도 무방하다.
- 여성이 남성에게 악수를 청한다.
- 윗사람이 아랫사람에게 악수를 청한다.
- 선배가 후배에게 악수를 청한다.
- 상급자가 하급자에게 악수를 청한다.
- 기혼자가 미혼자에게 악수를 청한다.

Chapter

08 소개 예절

8.1 소개하는 순서

- 사내 임·직원을 손님에게 먼저 소개한다.
- 회사 사람을 소개할 경우 직위가 높은 사람부터 낮은 사람의 순서로 소개한다.
- 연상의 사람을 연하의 사람에게 먼저 소개한다.
- 친한 사람 또는 가까운 관계에 있는 사람을 먼저 소개한다.
- 남성을 여성에게 먼저 소개한 후에 여성을 남성에게 소개한다.
- 지위가 낮은 사람을 높은 사람에게 먼저 소개한다.
- 연소자를 연장자에게 소개한다.
- 남성을 여성에게 소개한다.
- 후배를 선배에게 소개한다.
- 하위자를 상위자에게 소개한다.
- 지명도가 낮은 사람을 지명도가 높은 사람에게 소개한다.
- 소개 받기를 원하는 사람을 상대방에게 먼저 소개한다.
- 한 사람을 그룹에게 먼저 소개한 후, 그룹에 속한 사람을 차례로 소개한다.
- 직위가 연령보다 우선한다.

8.2 소개 표현

- 소개할 때, 먼저 연장자나 상위자에게 그의 이름(직책 등)을 부르고 연소자나 하위자를 소개: Mr. A, May I introduce Mr …. ?
- 남자를 여자에게 먼저 소개
- 상대방이 여성일 경우 미혼인지 기혼인지를 알 수 없을 경우: 성 앞에 Ms.를 붙여 부른다.

8.3 소개의 호칭

서양은 이름 호칭이 중심이지만, 한국은 직책 호칭이 중시되는 사회이다. 따라서 적정한 호칭 사용이 중요하다.

- 일반적 호칭: Mr, Mrs, Miss, Ms
- 전문직 호칭: Dr., Phd.(호칭은 Doctor이고 문서로 표기할 때는 Phd.)
- 직책 호칭: President Kim, Minister Lee
- 고위 인사 호칭: Excellency, Honorable 등

  예 Your excellency, Mr. President

Chapter

09 명함 예절

International Manners & Image Making

서양에서 명함은 서로 충분한 대화를 나눈 후에 추후 연락할 필요가 있을 때 건네는 전화번호와 주소가 적힌 메모로 인식한다. 따라서 서양인이 악수를 하려고 손을 내미는데 명함을 꺼내는 것은 예의에 어긋나는 것이다.

버락 오바마 대통령의 상원의원 시절 명함

반대로 일본이나 아시아 국가에서는 먼저 명함을 주고 받음으로써 관계의 맥락을 파악한다. 일본인과 인사를 할 때는 미리 명함을 꺼내 들고 있다가 자신의 이름을 말하며 명함을 건네고 허리를 깊이 숙여 인사한다.

구겨지거나 지저분한 명함은 주지 않아야 한다. 상대방이 보는 앞에서 받은 명함에 글씨를 쓰거나 손에 들고 만지작거리지 않는다.

명함을 받아서 남성은 상의 안주머니에 넣고 여성은 핸드백 속의 명함지갑 속에 넣는다.

9.1 명함 준비

- 명함은 한 명은 영어와 다른 한 명은 해당 외국어(스페인어, 프랑스어, 일본어 등)로 준비한다.
- 오·탈자가 없도록 한다.
- 명함에 변경된 새로운 전화번호를 메모하지 않도록 항상 최신 연락처로 업데이트한다.

명함에 표기하는 영문 이름 철자 주의할 점

'부' 씨를 대개 Boo나 Poo로 표기하는 데 boo는 남을 야유할 때 지르는 소리이고 Poo(Pooh)는 '똥'이란 뜻이다.

'피' 씨를 Pee라고 표기해 놓으면 '소변본다'는 뜻이 된다. '방' 씨를 Bang라고 쓰면 총소리 '빵!'이란 뜻의 단어와 같아지고, '국' 씨를 Kook로 표기해 놓으면 '괴짜'란 뜻이 된다.

'육' 씨를 Yuk라고 써 놓으면 미국인들은 이것을 '역'이라고 발음하여 읽는데, 그들은 맛없는 음식을 보고 먹기 싫다고 말할 때, 'Yuk'이라고 한다.

의사직업을 가진 '곽' 씨는 절대로 Kwak라고 쓰면 안 된다. 왜냐하면, Kwak라고 쓰면 미국인들은 '쾍'이라고 읽고, 이것은 'quack', 즉 돌팔이 의사와 같은 발음이 되기 때문이다.

9.2 명함 교환

- 손아랫사람이나 방문한 사람이 먼저 상대방에게 명함을 건네는 것이 원칙이다.
- 선배나 상사와 동행한 경우 선배나 상사가 먼저 명함을 건네고 난 다음에 명함을 건넨다.
- 명함을 건넬 때는 일어나서 건넨다. 상대방의 얼굴을 바로 보고 나서 상대방이 글자를 읽을 수 있도록 명함을 상대방 쪽으로 향하게 해서 건넨다.
- 건네면서 회사명, 성명을 확실히 말하고 머리 숙여 인사한다.

- 명함을 받을 때는 가능한 양손으로 가슴 높이로 받는다.
- 명함을 받고 상대방의 성명을 확인한다. 이는 상대방의 명함을 그만큼 소중히 여기고 있다는 의미를 전달한다.
- 명함을 교환할 때는 자기 이름을 말하면서 상대방 앞으로 자기의 이름이 보이도록 건네준다. 이때 자신에 대한 호칭에 "Mr.", "Ms." 등은 붙이지 않는다.
- 상대방의 명함을 받으면 받은 즉시 호주머니에 넣지 않는다. 그렇게 하면 상대는 자신에 대한 관심이 없다는 느낌을 받게 되어 실망하게 된다.
- 받은 명함은 응접실 테이블 위에 올려놓고 빨리 이름을 기억해 둔다. 상대가 많을 경우 순서대로 놓아 착오 없게 정리한다.
- 여러 명과 명함을 교환할 경우, 지위가 높은 순서대로 교환한다.
- 상대방의 명함을 자리에 앉은 위치대로 나열해 두고 이름과 직책을 재확인한다.

① Case 1

A : Here is my business card.

B : This is my business card.

② Case 2

A : This is my name card(business card).

B : Mr. Kim. I am glad to meet you.

- 잘못된 명함 전달
  - 서둘러 명함을 찾는다.
  - 뒷주머니에서 명함을 꺼낸다.
  - 구겨진 명함을 전달한다.
  - 지저분한 명함을 전달한다.
  - 성명을 밝히지 않고 명함을 건넨다.
  - 앉은 채로 명함을 전달한다.
  - 상대방의 명함에 메모를 한다.

- 상대방의 이름을 잊어서 명함을 뒤적인다.
- 미팅을 준비할 때 명함을 꼭 챙긴다. 명함이 없이 미팅에 참여해서 허둥대는 모습을 보이지 않도록 한다.

Chapter

10 식사 예절

International Manners & Image Making

10.1 테이블 예약

- 인원 수에 맞게 예약을 해야 한다.
- 미팅 목적에 맞게 식사 장소를 예약한다.
- 식당은 위생 상태, 서비스 친절도, 주차 공간, 가격 등을 고려해서 선택한다.

10.2 음식 제공 방법 종류

① 프렌치 서비스: 고객의 테이블 앞에서 간단한 조리기구와 재료가 준비된 조리용 카트(Wagon)를 이용하여 직접 요리를 만들어 제공하거나, Gueridon을 이용하여 Silver Platter에 담겨 나온 음식을 알코올 램프 또는 가스 램프를 사용하여 음식이 식지 않게

하여 덜어주기도 하며 먹기 편하도록 생선 가시를 제거해 주고 요리를 잘라 주기도 한다.

② 러시안 서비스: French service와 비슷한 점이 많으며, 종사원이 무거운 Platter를 사용하며 테이블 셋팅은 French service와 동일하다.

③ 영국식 서비스: Family style service라고도 한다. 음식이 Plate 또는 Tray에 담겨져 테이블로 운반되면 테이블에서 주빈 또는 종사원이 각 접시에 담아서 모든 사람에게 돌려주거나, 큰 접시를 돌려가면서 각자가 덜어먹는 형식이다. 이 서브 형식은 가족적인 소연회나 칠면조가 제공되는 미국식 추수감사절 만찬에 적합하다.

④ 아메리칸 서비스: French service보다 화려하지 않으나 레스토랑에서 일반적으로 이루어지는 서비스 형식이다. 즉, 주방에서 미리 접시에 보기 좋게 담겨진 음식을 직접 운반하여 고객에게 서브하는 방법으로 신속하고 능률적이기 때문에 레스토랑에서 가장 일반적으로 사용되며 고객회전이 빠른 레스토랑에 적합하다.

⑤ Tray Service: 비행기 음식, 병원 음식 등 같은 시간대에 한꺼번에 음식을 내놓음. 음식이 한정되어 있다.

⑥ 카운터 서비스: 백화점, 공항(스낵바) 등에서 시간을 단축시키는 이점이 있다.

10.3 숙녀의 테이블 매너

과거에는 숙녀들이 식사 예절을 잘 지켰다. 숙녀의 어머니가 식사 예절을 가르쳤으며, 식사 예절에 대한 특별 교육을 받았다.

- 숙녀는 초대를 받았으면 참석여부를 신속하게 답변해야 한다.
- 숙녀는 참석할 수 없게 되었을 때도 신속하게 연락해야 한다.
- 숙녀는 사교행사나 식사 약속시간에 늦게 도착하지 않는다.

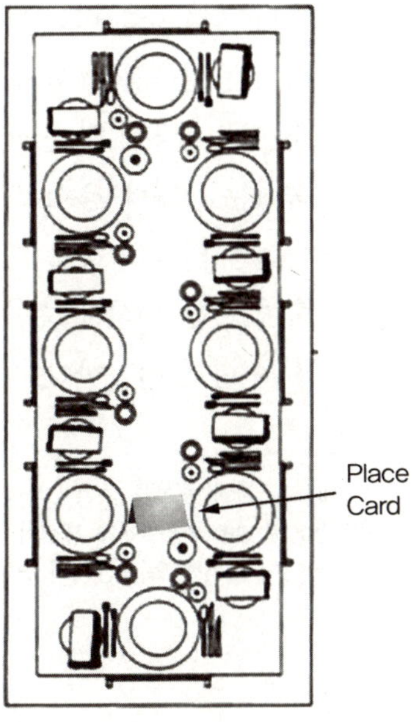

테이블에 Place Card가 놓여져 있으면 Host가 자리 배정을 해 놓은 것이므로 자신의 자리에 앉는다.

공식 사교행사에서 종이로 된 Place Card를 사용하기도 하지만 친분있는 사람들의 모임(예 Potluck Party[1])에서는 접시에 계핏가루로 이름을 뿌리는 방식으로 자리마다 앉을 사람의 이름을 적는 세련된 방법도 있다.

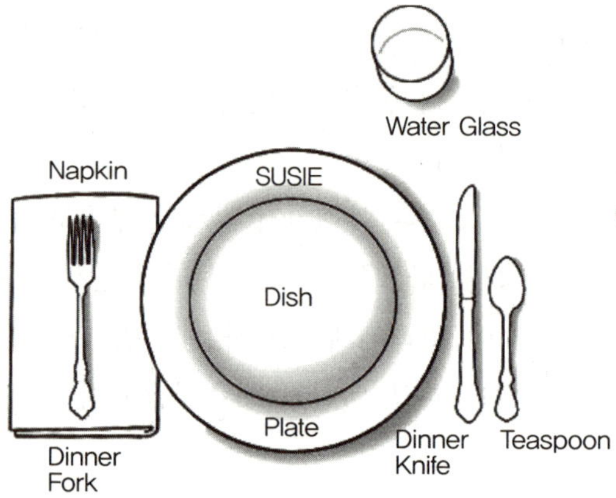

- 숙녀는 다른 숙녀의 식사예절을 평가하지 않는다.
- 숙녀는 음식을 입에 넣은 상태에서 말을 하지 않는다.
- 숙녀는 입을 열고 음식을 씹지 않는다.
- 숙녀는 음식을 먹을 때 소리를 최소화한다.
- 숙녀는 얼음을 깨물지 않는다.
- 숙녀는 식탁에 앉을 때 바른 자세로 앉는다.
- 숙녀는 식탁에 음식이 있을 때, 식탁 위에 팔꿈치를 올려놓지 않는다.
- 숙녀는 의자에 등을 대고 기대지 않는다.
- 숙녀는 함께 식사 중인 소금 또는 후추 중 한 개를 요구할 때, 소금과 후추를 함께 전달한다.

1. Potluck: 각자가 음식을 준비해와서 하는 파티.
미리 hostess나 초대자에게 자신이 준비해 갈 음식을 알려준다.
이는 타인이 준비해 오는 음식과 겹치지 않게 하기 위함이다.

- 숙녀는 식사 테이블에서 나올 때 양해를 구하고 상대로부터 양해를 받은 후에 일어선다.
- 숙녀는 음식이 서빙될 때마다 "Thank you."라고 말한다.
- 숙녀는 가볍게 소화를 할 수 있는 음식 이상을 섭취하지 않는다.

- 숙녀는 뜨거운 음식을 입으로 불어서 식히지 않는다.
- 숙녀는 식탁에서 화장을 하지 않는다.
- 숙녀는 뷔페식당에서 접시에 음식을 너무 많이 담지 않는다.
- 숙녀는 레스토랑 서버와 논쟁하지 않는다.

10.4 식사 도구별 사용 방법

▶ 식사 기본 도구

접시, 포크, 나이프, 스푼

① 나이프

▶ 포크와 나이프 사용법

- 포크와 나이프는 바깥쪽부터 안쪽으로 하나씩 사용한다.

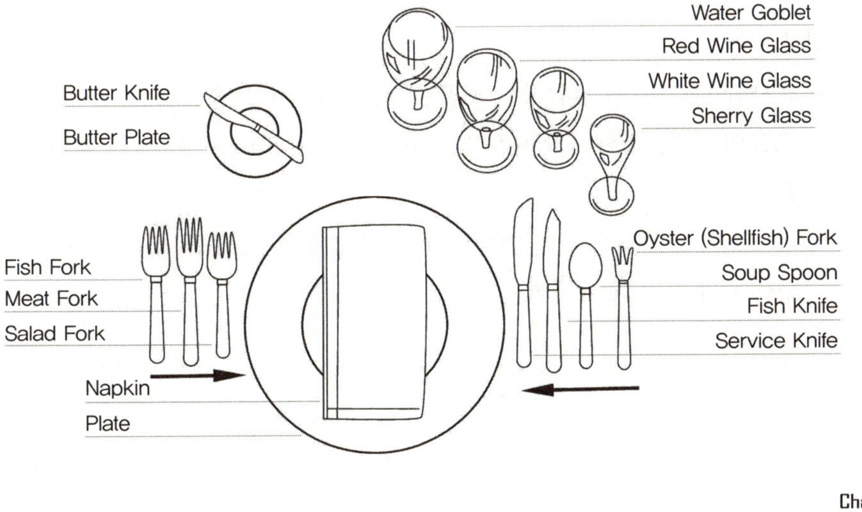

- 포크는 왼손으로 잡는 것이 옳은 방법이나, 음식을 자른 뒤 오른손으로 옮겨 잡고 음식을 먹을 수도 있다.
- 스푼은 오른손으로 잡고 포크는 왼손으로 잡는다.
- 포크와 나이프를 접시 위에 여덟 팔자로 놓으면 식사 중임을 의미한다.
- 둘을 가지런히 접시 위 오른쪽에 얹어 놓으면 식사가 끝났음을 의미한다.

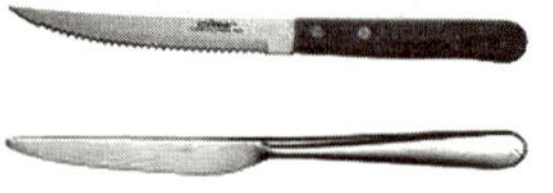

숙녀는 가정집에 초대되어 스테이크를 먹을 때 스테이크 나이프를 요구하지 않는다. 만약 스테이크 나이프를 요구하면, 초청자의 집에 디너 나이프만 있는 경우 당황할 수 있으며, 고기가 너무 딱딱하게 요리되어서 썰어먹기 어렵다는 뜻으로 전달될 수 있다.

나이프가 깨끗하지 않으면 웨이터에게 교체를 요구한다. 숙녀는 나이프를 냅킨으로 닦지 않는다.

- Knife의 종류

- 식사 방법
  - 식사할 때는 포크, 나이프, 스푼을 바깥쪽부터 사용한다.
    포크의 경우, 밖에서 안으로 Salad Fork → Dinner Fork의 순서로 사용한다.
    나이프의 경우, 밖에서 안으로 Soup Spoon → Dinner Knife → Tea Spoon의 순서로 사용한다.

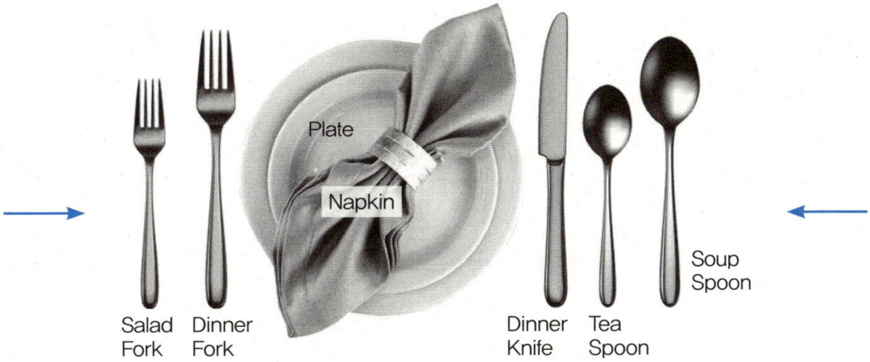

- 뷔페식은 스프, 샐러드, 주메뉴, 후식의 순으로 여러 번 먹지 않는다.
- 큰 숟가락은 스프용임. 스프용 숟가락은 다른 것에 비해 큰 편이다.
- 스프를 입에 들어갈 만큼씩만 떠서 먹기 때문에 숟가락으로 다 안 떠질 정도로 스프가 적게 남으면 먹지 않는다.
- 전식은 보통 스프가 나오지만 가끔 부드러운 빵과 양념한 버터가 나오는 경우도 있다. 빵의 경우 가루가 식탁 위에 안 떨어지도록 먹기는 하지만 떨어져도 그것을 직접 치우지는 않는다.
- 냅킨이나 음식을 먹으면서 입을 닦을 때 사용한다.
- 음료는 보통 전식이 나올 때쯤, 주 메뉴를 시키기 전에 주문하며, 가끔 커피를 시키면 물도 같이 주는데, 이 경우 커피가 진하기 때문에 제공된 물은 커피를 다 먹고 마시는 용도로 쓴다.

② 포크

- Fork의 종류

숙녀는 오른손으로 고기를 먹고자 할 경우, 오른손에 나이프와 왼손에 포크를 이용해서 고기를 자른 후 나이프와 포크를 접시에 놓고, 포크를 오른손으로

잡고 고기를 포크로 찍어서 먹을 수 있다.

포크의 굽은 등이 밖으로 보여도 되고 안으로 보여도 상관없다.

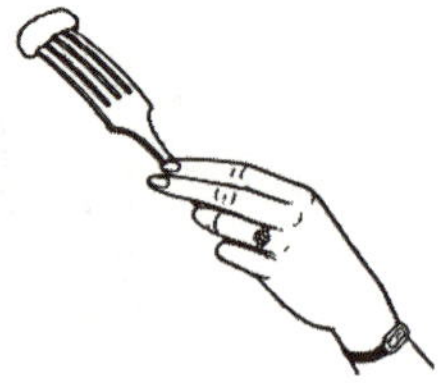

③ 스푼

숙녀는 스푼으로 커피를 젓거나 아이스 티를 다 저은 후 원래 위치에 놓는다. 스푼을 절대로 테이블 보 및 테이블 위에 올려놓지 않는다.

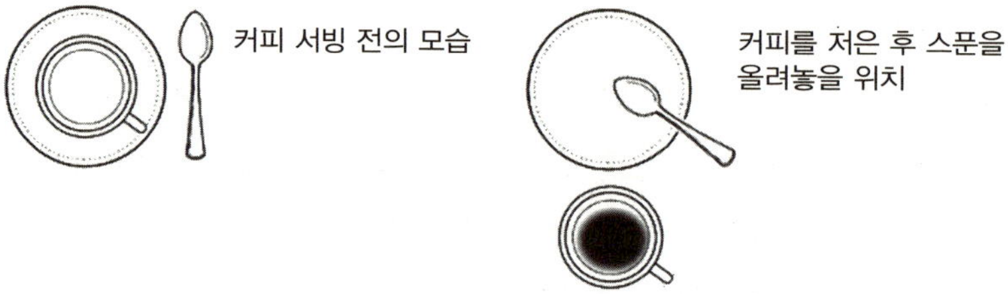

샐러드를 칼과 포크로 모두 잘라 놓지 않는다. 만약 샐러드가 먹기 불편할 정도로 크다면 한 번에 먹을 만큼만 칼과 포크로 잘라서 먹는다.

• Spoon의 종류

④ 냅킨

- 숙녀는 냅킨을 떨어트렸을 때 웨이터를 불러서 냅킨을 달라고 요청한다.
  "I am afraid I've dropped my napkin. May I have another?"
- 숙녀는 식사 중에 냅킨을 무릎에 올려놓는다.
- 숙녀는 식사 중에 트림을 해서는 안 된다. 트림이 올라와 어쩔 수 없이 해야만 한다면 냅킨으로 입을 가리고 한다.

- 숙녀는 예기치 않은 기침, 트림에 대비해서 냅킨을 가까운 곳에 두어야 한다.
- 숙녀는 기침, 재채기, 트림을 할 때 손수건을 사용하지 않고 냅킨을 사용한다.
- 숙녀는 식탁에서 코를 풀지 않는다.
- 유리잔에 기름기(립스틱)를 제거할 경우 냅킨을 사용한다.
- Finger Bowl을 사용한 후 냅킨으로 손가락의 물기를 닦는다.
- 일행이 자리 잡은 후 두 겹 접힌 상태에서 접힌 쪽 안쪽으로 무릎 위에 냅킨을 놓는다.

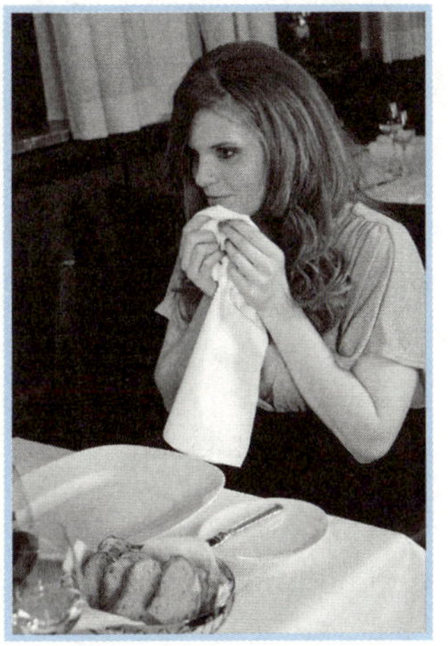

- 연장자가 인사말이나 건배를 제안할 경우, 건배에 응한 후 무릎 위에 냅킨을 놓는다.
- 냅킨을 셔츠나 조끼 구멍에 끼우는 것은 금물이다.
- 식사가 아직 진행 중인 경우, 더러워진 부분이 보이지 않도록 대강 접어서 의자 위에 놓는다.

  예 전화를 받거나 화장실을 다녀오기 위해서 식사 중 자리를 잠시 비울 경우
- 식사가 종료된 경우, 대충 접어서 Table 위에 놓으면 식사 완료되었다는 의미이다.
- 숙녀는 냅킨을 무릎 위에 올려놓는다. 입술을 닦는 등 냅킨을 사용한 후에 다시 무릎 위에 올려놓는다.
- 숙녀가 식사 자리를 잠시 비울 때는 냅킨을 본인의 의자 위에 올려놓는다.
- 숙녀는 식사가 종료되기 전에 냅킨을 테이블 위에 올려놓지 않는다. 숙녀가 냅킨을 테이블 위에 올려놓으면 디저트가 서빙된 후이거나 더 이상의 커피 또는 더 이상의 와인을 마시지 않겠다는 메시지이다.

Hostess가 냅킨을 테이블 위에 올려놓으면 사교행사가 종료되었다는 메시지이다. 따라서 손님들은 테이블 위에 남은 음식을 천천히 더 먹을 수 있지만 더 이상의 새로운 음식과 음료는 제공되지 않는다.

Hostess: Why don't we move along to the living room for coffee?

Hostess: Why don't we move along to the living room for an after-dinner drink?

Hostess가 위의 말을 하면 초청자는 냅킨을 테이블 위에 올려놓고 자리에서 일어난다.

⑤ Finger Bowl

갈비 등의 고기나 생선, 과일 등을 먹은 후 레몬이 있고 따뜻한 물이 있는 Finger Bowl을 웨이터가 접시 왼쪽에 놓는다. 레몬과 함께 손가락을 씻은 후 냅킨으로 손가락을 말린다.

Finger Bowl 대신에 스팀으로 열을 가한 타월을 받기도 한다. 필요할 경우 웨이터에게 요청한다.

Lady: "A warm towel, please."

10.5 요리 종류별 먹는 방법

① 캐비어 먹는 방법

- 캐비어는 식욕을 돋우기 위해서 에피타이저로 먹는다.
- 캐비어는 작은 스푼을 사용해서 먹는다.
- 캐비어는 조금씩 먹었을 때 더 향기를 느끼면서 먹을 수 있다.
- 캐비어는 조금 짜다.
- 옷에 튀지 않도록 주의한다.
- 캐비어는 다진 Egg Yolk, 다진 Egg White, 양파 다진 것과 레몬을 곁들여 Sour Cream과 같이 먹는 것이 보편적이며 크래커나 얇은 카나페용 빵 위에 올려놓고 함께 먹는다.

② 스프 먹는 방법

- 스푼을 연필 쥐듯이 잡는다.
- 영국식은 안쪽으로부터 바깥쪽으로 먹는다.
- 프랑스식은 바깥쪽에서 안쪽으로 먹는다.
- 스프를 먹을 때 소리를 내지 않는다.
- 그릇에 스프가 조금 남았을 때는 왼손으로 안쪽으로 살며시 들어서 떠 먹는다.

③ 빵 먹는 법

- 빵 접시는 본인의 왼쪽에 놓이며, 물컵은 오른쪽에 놓는다.
- 빵은 나이프를 쓰지 않고 한입에 먹을 만큼 손으로 떼어 먹으며, 빵을 입으로 베어 먹어서는 안 된다. 빵 먹는 방법은 우리나라 사람들이 가장 실수하기 쉬운 식사 예법이다.
- 빵은 스프가 나온 후에 먹기 시작하고, 디저트가 나오기 전에 마쳐야 한다.
- 라운드 테이블에서 오른쪽이 물, 왼쪽이 빵이다. 어떻게 헷갈리지 않고 선택할 수 있을까?
  우물좌빵으로 기억하면 쉽다.
- 빵은 스프를 먹은 후 디저트 전까지 먹는다.
- 빵은 입에 들어갈 정도로 손으로 뜯어 먹는다.
- 잼, 버터는 버터 나이프를 이용해서 바른다.
- 빵에 올리브 오일, Vinegar(식초)를 올려 먹기도 한다.
- 토스트를 제외하고 빵은 나이프를 사용하지 않는다.

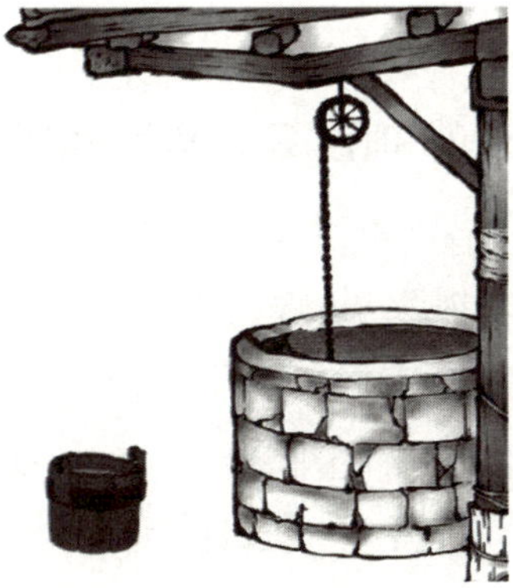

④ 생선 먹는 방법

- **생선**
  - 뼈를 따라서 나이프를 넣어 자른다.
  - 생선에 뿌리는 레몬은 왼손으로 가리고 짠다.
  - 아랫부분부터 윗부분의 순서로 먹는다.

– 한쪽의 살을 다 먹은 후 뒤집지 않고 나이프로 뼈를 가려내고 먹는다.

● 랍스터

랍스터의 집게발을 돌린다.

Netcracker의 집게발을 돌린다.

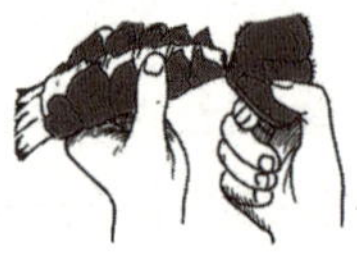
랍스터의 꼬리를 떼어낸다.

꼬리에 있는 Tail Flipper를 떼어낸다.

포크를 이용해서 먹는다.

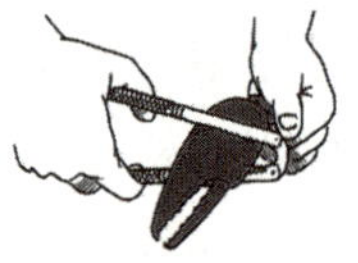
랍스터 몸통의 껍질을 제거한다.

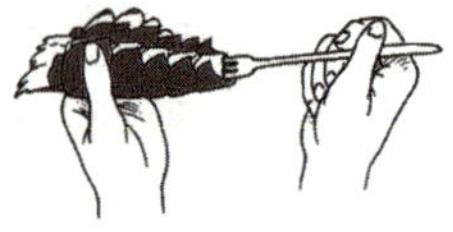
집게발의 작은 집게발을 제거한다.

작은 집게발 속의 살을 먹는다.

⑤ 메인 요리 먹는 방법

고기요리와 함께 나오는 가니쉬(Garnish: 고명)로 사용한 장식은 고기와 함께 교대로 먹어도 된다.

닭고기는 어떤 부분도 손가락으로 잡아서는 안 된다.

순서: 전채 또는 수프 → 생선 또는 고기요리 → 샐러드 → 디저트 → 커피/홍차

양이 부담스러울 때는 생선이나 고기 요리 중 하나만 택일한다.

수프 → 고기 → 음료처럼 세 코스 정도 주문하는 것이 최소한의 예의이다.

메인 요리와 적절한 소스 및 메인 디쉬와 중복되지 않는 전채요리 주문.

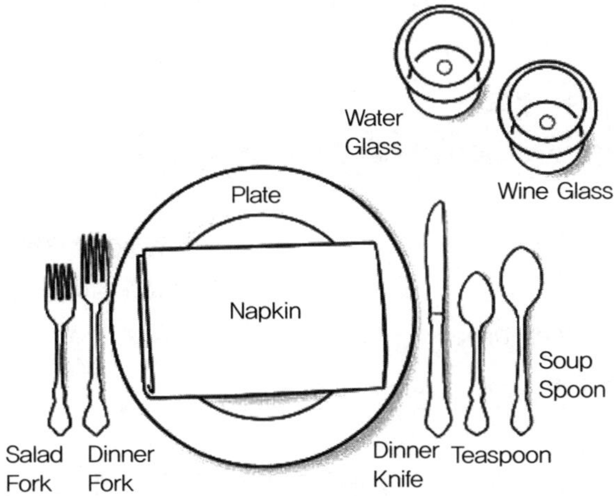

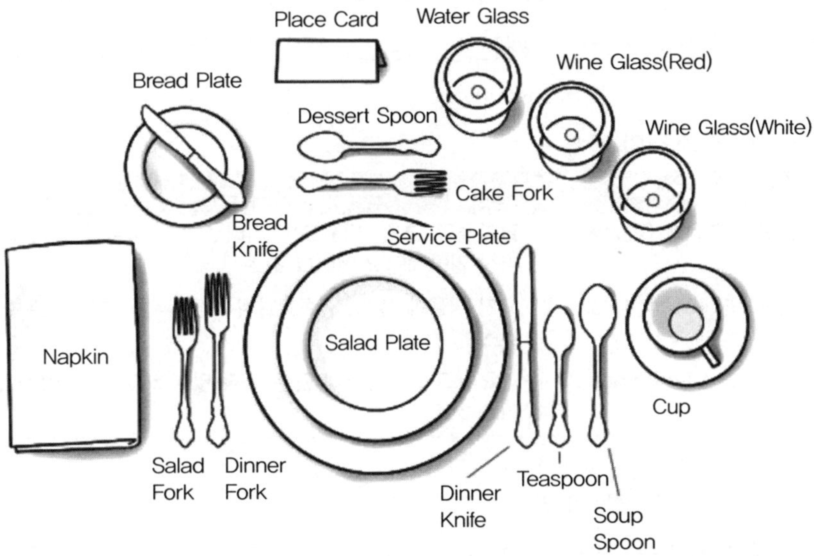

양식 메뉴 Table D'hote(정식요리): 코스와 가격이 일괄적으로 정해진 'Full Course' 의 정식요리다.

"식전 주 → 전채 → 수프 → 생선요리 → 샤베트 → 고기요리 → 샐러드 → 치즈 → 디저트 → 음료"(프랑스 정식요리의 경우)로 진행.

A La Carte(일품요리): Full Course 요리 중 원하는 것을 골라 먹는 것이다.

메인 코스부터 정한다.

육류를 주문할 경우, 스테이크의 익히는 정도와 소스를 선택한다.

- 스테이크 익히는 정도

종류	특징
Rare	–
Medium Rare	겉부분만 구운 고기
Medium	육즙 보이는 정도
Medium Well–Done	–
Well–Done	–

닭고기, 돼지고기, 생선요리, 송아지 고기는 주문 시에 모두 Well–Done으로 요리해서 바싹 익혀 먹어야만 한다.

한 번에 잘 결정해야 한다. 다시 갔다 오븐에 구워오면 맛은 없어지고 최소 10분간은 시간이 더 걸리기 때문에 다른 손님들은 먹지 못하고 기다리게 된다.

- 스테이크 소스의 종류

종류	특징
브라운 소스(Brown Sauce)	밀가루와 고기 기름(또는 버터), 고기 국물을 이용해 만든 가장 일반적인 스테이크 소스
베사멜 소스(Bechamel Sauce)	고기 국물에 밀크, 향초, 월계수 잎 등을 넣어 만든 화이트 소스
타르타르 소스(Tartar Sauce)	마요네즈를 사용하여 만든 가장 많이 쓰이는 생선요리용 화이트 소스

- 스테이크 칼을 잡는 방법
  - 메인 코스를 정한 후 메인 코스에 맞는 전채요리를 선택한다.
  - 육류와 생선, 차가운 음식과 더운 음식을 골고루 선택한다.
  - 디저트는 메인 코스를 마친 후에 주문한다.
  - 음식은 각자가 시키지만 와인은 호스트가 정한다.

● 조리 방법

종류	특징
Smoked	훈제 요리
Salted	180도 불에 달구어 뜨거워진 후라이 팬에 순식간에 익힘
Grilled	오븐에 익혀서 구운 패턴 남기는 조리 방법
Brochette	살코기, 간, 베이컨 등을 쇠꼬챙이에 꿰어서 볶는 방법

● 스테이크 먹는 방법

- 왼쪽부터 잘라서 먹는다.
- 한 번에 스테이크를 다 잘라놓지 않고 먹을 때마다 자른다. 미리 잘라 놓으면 육즙이 다 흘러나올 뿐만 아니라 빨리 식어 고기 맛을 제대로 즐기기 어렵다.

▶ 식사 중일 때 포크와 나이프 위치

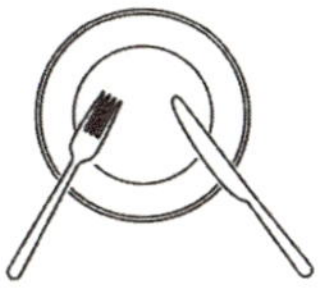

▶ 식사 종료

Waiter: Are you finished, ma' am?

Lady: Yes, thank you.

I think I' ll finish the last couple of bites.

⑥ 디저트의 종류

- 치즈
- 과일
- 케익

⑦ 음료를 마실 때

고개를 뒤로 젖히지 않고 컵을 올린다.

⑧ 소금 및 후추 사용 방법

- 음식을 맛 보기 전에 소금부터 치지 않는다.
- 음식의 맛을 본 후에 소금, 후추 등 조미료를 친다.
- 소금과 후추가 멀리 있을 때는 옆 사람에게 집어달라고 부탁하는 것이 예의이다.
- 팔을 길게 뻗어서 집어오는 것을 예의 없는 사람으로 생각한다.

⑨ 커피 또는 홍차

- 커피 스푼은 사용 후 커피 쟁반 위에 올려놓는다.

10.6 국가별 요리 먹는 방법

① 일식

▸ 일식 먹는 방법

- 식사를 하기 전에 잘 먹겠습니다(Itadakimasu)라는 인사를 하고 젓가락을 들어야 한다.
- 뚜껑이 있는 그릇을 모두 뚜껑을 연다. 오른쪽에 있는 요리는 오른손으로 왼쪽에 있는 요리는 왼손으로 뚜껑을 연다. 뚜껑을 열 때 그릇을 한 손으로 잡는다.
- 뚜껑은 큰 것을 밑에 그 위에 작은 뚜껑을 겹쳐 놓는다.
- 뚜껑은 물기가 테이블에 젖지 않도록 뒤집어서 놓는다.
- 젓가락으로 음식을 찔러서 먹지 않는다.
- 젓가락을 빨지 않는다.
- 생선을 머리 쪽에서 꼬리 쪽으로 먹는다.
- 경사에서는 밥을 먼저 먹고, 흉사에서는 국을 먼저 먹는다.
- 요리에 젓가락을 대는 것은 건배가 있는 다음이다.

- 술잔을 받을 때는 가슴 높이까지 들고 받는다.
- 참석자 전원이 술을 받을 때까지 테이블 위에 술잔을 놓는다.
- 첫 잔은 술을 마시지 못하는 사람도 입에 살짝 대는 것이 예의이다.
- 요리는 국부터 먹는다.
- 밥공기와 국그릇은 양손으로 들고 다음에 왼손으로 받친다.
- 밥을 더 먹을 경우, 한 입 정도 남긴 채로 내민다.
- 밥을 다 먹었으면 뚜껑을 덮는다.
- 차를 마실 때는 왼손은 찻잔 밑을 받치고 오른손으로 찻잔을 들고 마신다. 차를 다 마신 후에 뚜껑을 덮는다.

▶스시 먹는 방법

- 스시는 젓가락을 사용해도 되며, 손가락을 사용해도 된다.
- 소스는 생선에만 묻힌다.

② 중식

- 천천히 오른쪽으로 돌린다.
- 메인 접시에서 개인별 접시로 음식을 덜어서 먹는다.
- 음식을 너무 많이 담지 않는다.
- 스프는 사기 숟가락을 사용한다. 스프를 제외하고 모든 음식은 젓가락을 사용한다.
- 스프는 소리를 내고 먹지 않는다.
- 전채 요리는 바깥 부분부터 손을 댄다.
- 술을 마실 때는 젓가락을 테이블 위에 놓고 마신다.
- 밥과 국이 담긴 그릇은 손으로 들고 입 가까이 대고 먹는다.
- 메인 접시에 있는 생선은 뒤집지 않는다.
- 사용한 수저는 남에게 보이지 않도록 뒤집어 놓는다.
- 식사 중일 때는 젓가락을 접시 끝에 받쳐놓고, 식사를 마쳤을 때는 젓가락 받침대 위에 올려둔다.
- 차를 마실 때는 받침까지 들고 마신다.

- 찻잔의 뚜껑을 반쯤 덮어두면 계속 마시겠다는 뜻이다.

③ 태국 음식

- 음식은 대부분이 잘게 썰어서 요리하므로 숟가락으로 식사하는 경우가 많다.
- 국물은 마시지 않으며 숟가락으로 떠서 먹는다.
- 음식을 남기는 것이 매너이다. 음식을 다 먹으면 음식을 충분히 먹지 못했다는 뜻으로 전달된다.

④ 베트남 음식

- 메인 접시에서 음식을 덜어먹을 때는 젓가락을 거꾸로 뒤집어 윗부분을 사용한다.
- 국그릇을 손에 들고 먹지 않으며 국물은 숟가락을 사용해서 먹는다.
- 자신이 먹던 젓가락으로 음식을 집어 상대방의 밥그릇 위에 올려놓는 것은 친근함의 표현이다.
- 식사 도중 숟가락은 항상 엎어 놓는다.
- 밥을 다 먹은 후 젓가락을 밥그릇 위에 올려놓는다.

⑤ 인도 음식

- 식사 전에 양손을 씻는다.
- 동쪽 또는 북쪽을 향해 앉아 먹는다.
- 성인 여성과 남성은 동석하지 않는다.
- 오른손을 이용하여 음식을 집어 먹는다.
- 인도인은 미각, 시각, 촉각을 이용해서 식사를 즐긴다.
- 컵에 입을 대지 않고 부어 마신다.
- 식사 중에 대화를 하지 않는다.

⑥ 아랍 음식

- 음식은 오른손으로 먹는다.
- 웃어른이 먼저 먹기 시작하면 따라서 먹는다.

- 식사를 시작하기 전에 "Bismila: 알라의 이름으로"라고 말하고 주인이 "Bismila Tapadal: 알라의 이름으로 식사하십시오"라고 말하면 손님은 "Bismila"라고 한번 더 말하고 먹기 시작한다.
- 음식을 입으로 불어서 먹지 않는다.
- 사우디아라비아는 여성이 남성과 떨어져서 식사한다.
- 초대받은 손님은 음식을 많이 먹는 것이 예의이다.
- 식사가 끝나면 "Al Hamdulila: 알라께 감사드립니다."라고 말한다.
- 손님에게 차를 대접할 때 세 번 정도 거절하는 것이 예의이다.

● 어묵 먹는 방법의 국가별 차이점
- 어묵을 먹을 때 중국에서는 국물을 주지 않는다.
- 일본에서는 어묵만을 건져 먹고 국물을 마시지 않는다.
- 한국은 어묵의 국물도 함께 마신다.

● 음식의 이물질
- 음식이 이 사이에 끼었을 때, 테이블에서 이쑤시개를 사용하지 않는다. 식사 후에 화장실에서 이쑤시개를 사용한다.
- 음식 내 이물질은 조용히 제거한 후 식사를 계속한다.
- 음식 내 이물질을 입 안에 들어간 후에 알게 되었다면 눈에 띄지 않게 냅킨에 조용히 뱉어 보이지 않게 놓는다.

숙녀는 식사를 충분히 한 경우, "Thanks, but I believe I'll just had another glass of water."

숙녀는 사교행사를 마치고 나갈 때, Valet Parking 직원에게 팁을 줄 수 있는 잔돈이 있는지 미리 확인한다.

패스트푸드점에서는 어떻게 해야 할까? 패스트푸드점에서 테이블 위에 팔꿈치를 올려놓으면 안될까?

패스트푸드점에서 식사할 때는 팜꿈치를 테이블 위에 올려 놓아도 된다.

10.7 국가별 식사 예절

① 한국

- 연장자부터 식사를 시작한 후에 먹는다.
- 연장자는 상석에 앉는다. 상석은 문을 바라보는 위치에 있다.
- 숟가락과 젓가락을 양손으로 사용하지 않는다.
- 허리를 편 자세로 식사한다.
- 그릇을 깨끗하게 비워서 먹는 것이 잘 먹었다는 의미이다. (필리핀과 중국은 음식을 조금 남겨야 배불리 잘 먹었다는 의미가 된다.)

② 일본

- 방석을 밟지 않는다.
- 밥그릇을 들고 먹는다.
- 젓가락을 그릇 위에 걸쳐놓지 않는다. 불행을 가져온다고 믿는다.
- 뚜껑이 있는 그릇은 식사 중에 그릇 바로 위에 놓으며 놓을 때 뚜껑 안쪽을 위로 향하게 한다. 식사 후 뚜껑을 덮는다.

- 국에 밥을 말아먹지 않는다.
- 밥 위에 반찬을 얹어서 먹지 않는다.
- 생선요리는 머리 쪽부터 먹고 뒤집어서 먹지 않는다.

- 밥을 추가할 때 한 술 정도를 남기고 요구한다.
- 음식을 남기면 밥이 맛이 없다는 의미이다.

③ 중국

- 주인이 식사를 시작한 후에 먹는다.
- 회전 식탁은 시계 방향으로 돌리는 것이 원칙이다.
- 접시 위의 공동 젓가락을 사용해서 덜어서 먹는다.
- 밥그릇을 제외하고 그릇을 손으로 잡고 먹지 않는다. (일본은 밥그릇과 국그릇을 모두 손으로 들고 먹는다.)
- 식사 중 젓가락을 사용하지 않을 때는 접시 끝에 걸쳐둔다.

④ 프랑스

- 프랑스의 고급 레스토랑에 가면 메뉴판을 들고 자리로 안내하는 사람, 주문을 받는 사람, 음식을 가져다주는 사람, 식탁을 치우는 사람이 모두 구분되어 있는 경우도 있다. (프랑스 이외의 국가에서도 고급 레스토랑에 해당)

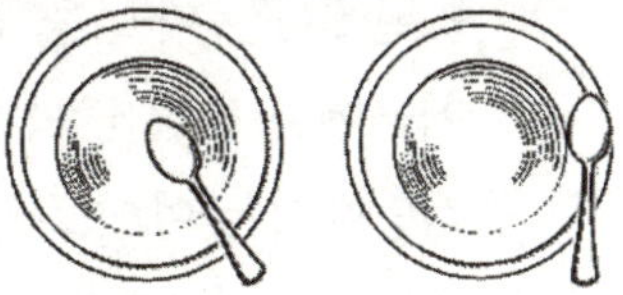

- 스프를 먹을 때 접시 뒤쪽을 기울여서 먹는다.
- 스프를 먹고 있는 중에는 스푼을 그릇 안에 놓는다. 스프를 다 먹은 후에는 접시 위에 올려놓는다. (미국 음식에서도 동일)

- 소리를 내면서 음식을 먹지 않는다.
- 식사 중에 트림을 하면 안 된다.
- 샐러드는 포크로만 먹는다.

- 닭고기는 손으로 먹지 않는다. 나이프와 포크를 사용해서 먹는다.
- 코스가 나올 때마다 음식에 대해서 맛있다고 평가를 해주어야 한다.
- 음식을 남기지 않는다.

⑤ 독일

- 식사 자리에서 코를 풀어도 결례가 아니다.
- 트림을 하면 안 된다.
- 재채기나 하품은 상관없지만 고개를 돌리거나 입을 가려야 한다.
- 와인은 주인이 따라줄 때까지 기다려야 한다.
- 양쪽 팔꿈치를 테이블에 올려놓으면 안 된다.
- 식사를 할 때 소리를 내지 않는 것이 예절이다.
- 식사 후에 트림을 하는 것은 매우 무례한 행위로 간주한다.
- 독일에서 대부분의 경우 두루마리 휴지는 테이블 위에 올려놓지 않는다.
- 고기를 먹을 때 미리 모두 토막내지 않고, 그때그때 잘라서 먹는다.
- 식사를 할 때 큰 접시 하나에 요리를 다 담아서 남기지 않고 깨끗이 먹는다.
- 나이프로 칼질을 심하게 하지 않고 음식을 끊어내듯이 포크를 사용한다.
- 식사를 할 때 팔꿈치를 식탁에 괴는 것은 예의에 어긋난 것으로 본다.
- 식사를 할 때 반드시 외투를 벗고 식사한다.
- 주인의 식사초대에 화답하기 위해 꽃을 선물할 경우, 꽃은 포장하지 않고, 짝수송이로 선물하지 않는다. 단, 불길한 숫자이므로 13송이는 피한다.
- 독일에서는 마늘을 냄새를 꺼리지만, 몸에 좋다는 것을 알기 때문에 최근에는 점점 많이 먹는다.
- 식당에서는 아이들에게 크게 떠들거나 소란을 피우지 않게 한다.
- OK사인을 상징하는 엄지와 검지 손가락으로 둥근 원을 만드는 행위는 금물이다.
- 독일인들은 고마움의 표시에 후하다. 사소한 일에도 [Danke]라는 인사를 하고 이에 [Bitte]라고 화답한다.
- 독일에서는 지하철에서 음식을 먹어도 다른 사람들이 눈치를 주지 않는다.
- 음식을 가지고 지하철을 타는 것이 큰 실례가 아니다.

- 독일에서는 부엌의 청결상태를 매우 중요시 한다.
- 술값을 각자 계산하기 때문에 술을 권하려면 자신이 술을 사야 한다.
- 폭음하는 술자리는 거의 없고 주량은 스스로 절제한다.
- 독일의 식당에는 물이 무료로 제공되지 않으므로, 별도로 계산한다.
- 바른 자세로 앉아 먹는다.
- 식사할 때 테이블과 가슴과의 간격은 약 10~15cm 정도 여유를 둔다.
- 식사 중에 테이블을 옮겨가며 이야기를 하는 것은 삼가해야 한다.
- 양념 병의 위치가 멀리 있을 경우 옆 사람이나 웨이터에게 부탁하는 것이 좋다.
- 설탕이나 빨대의 포장지 등은 재떨이에 버리지 말고 반드시 요리그릇이나 버터접시에 올려놓는 것이 좋다.
- 손목을 식탁에 가볍게 놓는 것은 상관없으나 팔꿈치를 식탁 위에 올려놓아서는 안 된다.
- 팔짱을 끼거나 머리털을 만지지 않는다.
- 식탁에서 사람을 가리키면서 손가락질을 하거나 나이프나 포크를 들고 물건을 가리키면 안 된다.
- 포크나 나이프를 들고 흔들며 대화해서는 안 된다.
- 식사 중에 부득이하게 자리를 잠시 비워야 할 경우에는 냅킨을 의자 위에 두어야 한다.
- 냅킨을 식탁 위에 놓아두면 식사를 모두 마쳤다는 뜻이다.
- 여성이 자리에 편하게 앉을 수 있도록 좌석을 뒤로 빼준다.
- 냅킨은 모두가 좌석에 앉은 다음에 펼친다.
- 연회의 경우 주최자가 공식적인 인사를 끝내고 식사코너에 들어갈 때 냅킨을 펴는 것이 예의이다.
- 웨이터를 부를 때는 오른손을 가볍게 든다.
- 휘파람을 불거나 식기를 흔들어서는 안 된다.
- 식탁 위에 팔꿈치를 올리지 않는다.
- 식사 중에 불쾌한 소리를 내지 않는다. 음식을 씹을 때는 맛을 음미하면서 불쾌한 소리가 내지 않는다.
- 음식이 입 안에 있는 채로 이야기하지 않는다.

- 먹는 속도를 주위사람과 맞춘다.
- 테이블에서 트림을 하면 안 된다.
- 냅킨은 두 겹으로 접힌 상태에서 접힌 쪽이 자기 쪽으로 오게 하고 무릎 위에 놓는다.
- 떨어뜨린 집기는 스스로 줍지 않는다.
- 테이블에서의 화장은 금물이다. 식후 테이블에서 립스틱을 꺼내 입술연지를 바르거나, 분 화장을 행위는 삼가해야 한다.
- 화장은 연하게 한다.
- 강한 향수는 요리의 냄새와 맛에 영향을 미칠 수 있다. 따라서 식사 자리에서 향수는 약간 연하게 하는 것이 매너이다.
- 진한 루즈 때문에 글라스에 자국이 남는 것도 주의해야 한다.

⑥ 이탈리아

- 이탈리아 프로방스 지역 레스토랑에서는 음식을 먹기 전에 커피 주문을 받지 않는 레스토랑도 있다.
- 음식의 맛을 제대로 느낄 수 있도록 커피는 후식으로 제공한다.

10.8 와인 마시는 방법

- 와인의 종류
  - 레드 와인: 육류 요리와 함께
  - 화이트 와인: 생선 요리와 함께

● 프랑스 4대 와인 생산지

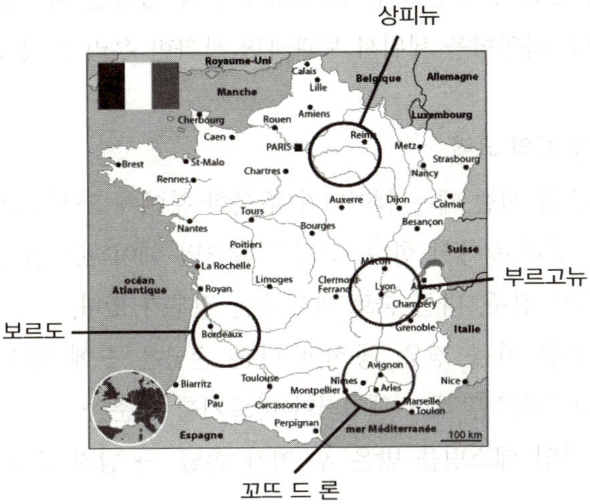

● 와인 레이블

종류	특징
주 레이블	와인의 이력서
병목 레이블	생산년도와 생산회사 표시
후면 레이블	사용된 포도품종, 양조법, 빈티지의 특성
당도, 와인서빙 방법	
한글 레이블	식품위생법에 의거 제품명, 원산지, 수입업자 표기

● 와인 등급

등급	프랑스	독일	이탈리아	스페인	포르투갈
최상급	AOC	QmP	DOCG	DOC	DOC
상급	VDQS	QbA	DOC	DO	IPR
중급	VDP	Landwien	IGT	Vino De La Terra	Vinho Regional
하급	VDT	Deutcher Tafelwein	VdT	Vino de Mesa	Vinho de Mesa

● 와인 오프너의 종류

돌려서 코르크를 제거하는 와인 오프너는 디자인부터 이용에 편리성에 이르기까지 다양하다.

와인은 호스트가 직접 서비스한다.

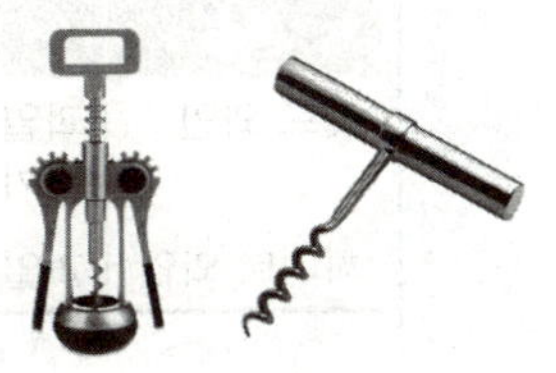

호스트가 먼저 시음한다. 초대한 손님의 안전을 먼저 확인하는 것이 유례이다.

코르크가 말라 있는지 확인한다. 코르크가 말라 있다면 와인병을 세워서 보관했다는 증거이다. 와인병을 세워서 보관하면 산화할 우려가 있다.

● 포도주를 시킬 때의 요령

식당에서 포도주를 시킬 때는 웨이터가 주문한 분에게 와서 포도주를 따라주면 "맛이 좋다.(Gut!)"라고 해야 한다. 그렇지 않으면 웨이터는 술이 손님의 마음에 들지 않는 것으로 간주, 다른 술로 바꿔주는 경우가 있다.

웨이터가 포도주를 따를 경우, 동석한 다른 손님은 잔에 적정량이 찼을 때 "고맙습니다(Danke!)"라고 말해야 웨이터가 따르기를 멈춘다.

호스트로부터 와인 테스팅을 받은 후 여자 손님 → 남자 손님 → 호스트의 순서로 서빙한다.

와인 잔을 잡을 때, 잔의 볼을 잡으면 온도가 변화하며 시각적인 멋이 감소한다.

와인을 눈으로 보고, 코로 후각을 이용해 향기를 맡고 입으로 미각을 느끼며 귀로 와인이 넘어가는 소리를 듣는다.

<table>
<tr><th>구분</th><th>내용</th></tr>
<tr><td>시각</td><td>소믈리에가 와인을 와인병 레이블이 호스트에게 보이도록 한 상태에서 와인 글라스에 1/4~1/6 정도 와인을 따른다.
와인을 2~3바퀴 돌린 후 45℃ 기울여서 와인의 빛깔과 주 색상과 가장자리 색상(뉘앙스)을 관찰한다.
갈색은 와인의 변질을 의미한다.
와인을 마시기 전에 빛깔, 투명도, 점도 등 와인의 외관을 눈으로 체크
색의 농도: Young, Old 와인 추론(레드 와인은 숙성이 될수록 색이 흐려진다. 화이트 와인은 숙성이 될수록 색이 진해진다.)
색상: 품종이나 양조 방법 추론

</td></tr>
<tr><td>후각</td><td>고급 와인: 복합적인 향기
상한 와인: 불에 달궈진 냄새, 젖은 종이 냄새
아로마 향: 포도 품종에 따른 향기
부케: 숙성과정에서 생기는 향기
<table>
<tr><th>종류</th><th>포도 품종에 따른 향기</th><th>포도 숙성에서 생기는 향기</th></tr>
<tr><td>레드 와인</td><td>과일향, 야채향, 꽃향기, 향신료의 향기</td><td>마른 잎, 홍차, 버섯, 부엽토, 담배, 손질한 가죽냄새</td></tr>
<tr><td>화이트 와인</td><td>과일향, 허브향, 꽃향기</td><td>흰곰팡이, 버섯, 건초, 말린 과일</td></tr>
</table></td></tr>
</table>

미각	한 모금 머금고 공기를 흡입한다. 와인을 입안에서 돌리고 씹어본다. 여운을 음미한다. 와인에서 느껴지는 무게

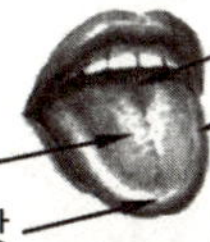

종류	와인 종류
가벼운 느낌	보졸레 누보 (Baujolais Nouveau) 
무거운 느낌 중후한 느낌	메독(Medoc) 바롤로(Barolo) 

청각	잔 부딪히는 소리 와인 따르는 소리 기포 올라가는 소리
촉각	와인의 차가운 느낌 와인 마신 후의 더운 느낌

- 잔의 종류

Water Glass

Highball

Old-fashioned Glass

White Wine Glass

Red Wine Glass

Brandy Glass

Champagne Glass

Liqueur Glass (Cordial Glass)

Cocktail Glass

- 와인잔의 종류

- 와인은 초청자가 먼저 마시고 주빈의 잔을 다음에 채운다. 다음에 여성 손님부터 따르며, 시계 방향으로 서빙한다.
- 와인을 따라줄 때 잔을 들지 않고 테이블 위에 그대로 두어야 한다.
- 와인은 음식이 있을 때 함께 마셔서는 안 된다.
- 와인을 거절할 때 오른손으로 잔의 가장자리를 가린다.

10.9 잔 종류별 손으로 드는 방법

- 화이트 와인 글라스

차게 마셔야 제맛인 화이트 와인을 마실 때는 와인 글라스를 손으로 감싸지 않도록 주의한다.

손의 체온에 와인 맛이 변할 수 있기 때문에, 와인 글라스를 잡는 방법은 세 손가락으로 글라스를 잡고 약지를 와인 글라스 다리 뒤쪽으로 살짝 받쳐 준다.

• 칵테일 글라스

마티니, 코스모폴리탄과 같은 캐주얼한 칵테일은 스탠딩 파티의 단골 메뉴이다.

글라스의 목 부분을 세 손으로 감싸듯이 잡고 약지와 새끼손가락으로 밑을 단단히 받친다.

• 브랜디/레드 와인 글라스

꼬냑이나 브랜디를 제대로 마시려면 손의 열기로 술을 데우면서 마셔야 된다. 술에 담긴 고유의 향이 온도가 올라감에 따라서 진하게 배어나오기 때문이다.

검지와 중지 사이에 브랜디를 끼운 후, 손으로 잔 전체를 감싸준다.

상온에서 마시는 레드 와인도 이와 같은 방법으로 마신다.

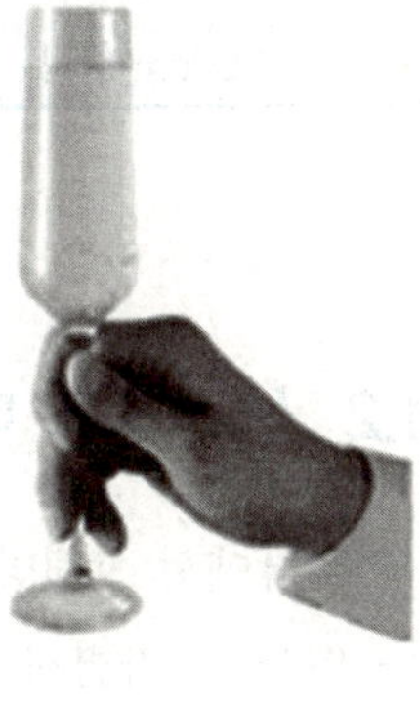

• 샴페인 글라스

화이트 와인과 마찬가지로 차게 먹는다.

샴페인은 손의 열기가 글라스에 닿지 않도록 주의한다.

Chapter 11

대화 예절

11.1 타인과의 거리

거리	의미
45cm 이하	가족, 매우 가까운 친구, 연인관계
45~120cm	대화 가능
120~360cm	여러 명과 담화를 나눌 때
360cm 이상	강의실 등과 같이 공적인 관계

11.2 식사 중의 대화

- 식탁에서 상대방과의 대화를 즐기며 핸드폰의 사용을 자제한다.
- 인사 후 가볍게 대화(날씨, 방문 소감 등)를 한 후에 미팅 목적의 본론을 대화한다.
- 알아듣기 쉽게 자신의 의사를 정확하게 표현한다.
- 사생활에 대한 대화를 피한다.
- 적정한 유머가 필요하다.

- 상대방의 말에 적정한 반응을 보인다.
- 여성의 나이, 체중, 신체의 특성을 묻는 것은 에티켓에 어긋난다.

● 대화 중 삼가해야 할 질문

- How old are you?
- Are you married?
- How much do you weigh?
- How much do you get paid?
- What's your religion?

- 나이, 결혼 여부, 체중, 봉급액수, 종교 등을 묻는 것은 아주 친한 사이라 할지라도 삼가해야 할 질문이다.
- 특정국가의 민감한 정치, 사회문제나 종교문제 등 논쟁가능성이 있는 문제에 대해서는 질문하지 않는 것이 예의이다.
- 국민의 자존심이나 국민감정을 자극하는 질문을 하면 안 된다.

11.3 숙녀의 대화

- 숙녀는 말하기 전에 먼저 생각한다.
- 숙녀는 잘못 말을 꺼냈을 때, 가장 빠른 시간 내에 바로 잡아야 한다.
- 숙녀는 무례함을 당하더라도 바로 되갚으려고 시도하지 않는다.
- 숙녀는 통화 중에 수화기 너머로 제3자에게 말을 하지 않는다.
- 숙녀는 다른 사람에 대한 평가를 서두르지 않는다.
- 숙녀는 결혼 예정인 신랑에게 "Congratulations", 신부에게는 "Best wishes"라고 인사한다.
- 숙녀는 영어로 대화 시 영문법에 맞는 표현을 해야 한다.
- 숙녀는 화자가 알기 어려운 단어를 선택하지 않고 화자가 쉽게 알아듣고 이해할 수 있는 단어를 선택한다.

– 숙녀는 정확한 의미와 발음을 모르는 상태에서 외국어를 사용하지 않는다.
– 논쟁이 격화되는 대화에서도 숙녀는 목소리를 높이지 않는다.
– 숙녀는 다른 여성에게 임신 여부를 물어보지 않는다. 또한 임신 계획 여부도 물어보지 않는다.
– 혼잡한 공간을 지나갈 때, "I am sorry."라고 하지 않고 "Excuse me."라고 말한다.
– 숙녀는 즐거운 대화를 이끌어내기 위해 최선을 다한다.

Lady: Susie Hans certainly sets a lovely table, doesn't she?

Lady: Susie and John's garden really looks great this time of year, doesn't it?

Lady: That's very beautiful tie.

– 숙녀는 사적인 질문을 피한다.

예 Now, just how is it that you know Susie and John? (X)
And just what is it you do for a living? (X)

– 숙녀는 상대의 나이를 물어보지 않는다.
– 숙녀가 직접 전화를 걸었다면, 전화를 끝내는 것도 숙녀의 책임이라는 점을 인식해야 한다.
– 숙녀는 Answering Machine에 긴 메시지를 남기지 않는다.
– 숙녀는 상대를 당혹스럽게 하는 질문을 하지 않는다.

예 I don't mean to embarrass you but ~.

– 숙녀는 가까운 자리에 앉은 사람 중 초면인 사람이 있으면 자신을 소개한다.
– 대화가 정치 또는 종교 등 숙녀가 회피하고 싶은 내용이라면 어떻게 해야 할까?

Lady: I'd prefer not to talk about that right now.
Have you seen the new Keanu Reeves movies?

– 숙녀는 식사 테이블에서 핸드폰을 사용하지 않는다.
– 숙녀는 운전 중에 핸드폰을 사용하지 않는다.
– 어리석은 논쟁을 하고 있을 때, 숙녀는 침묵한다.
– 책에 대해서 말할 때, 상대가 책을 읽지 못한 것을 비난하지 않는다.

Lady: I haven't read(seen) that yet, but from what I hear, it sounds very interesting. What do you think?

- 숙녀는 질문을 받았을 때, 솔직한 답변을 한다. 무례함과 솔직한 답변은 다른 것이다.
- 숙녀는 자신의 업적과 자녀의 업적을 자랑하지 않는다.
- 숙녀는 질문을 위주로 하며, 자신에 대한 정보를 드러내려고 하지 않는다.
- 숙녀는 사과를 할 줄도 알아야 하며, 사과를 받을 줄도 알아야 한다.
- 숙녀는 가식적인 칭찬을 하지 않는다.
- 숙녀는 손수건을 항상 지참하고 있어야 한다.
- 숙녀는 입에서 구취가 나면 안 된다.
- 숙녀는 루머를 퍼트리지 않는다.
- 숙녀는 상대방의 말을 잘 들어줄 수 있어야 한다.
- 숙녀는 근무시간이 끝난 후에 회사 업무에 대해서 대화하지 않는다.

11.4 대화 예절 실전과 사례

- 숙녀는 "I told you so."란 표현을 사용하지 않는다.

① 거리에서 아는 사람을 마주쳤을 때

▶ 좋은 표현

상대방: Hi. How are you?

Lady: Fine, How about you?

Lady: Hello, Susie, you look great.

▶ 바람직하지 못한 표현

상대방: Hi. How are you?

Actually, I am having a lousy day.

You don't want to know.

② 어린아이의 남녀 구분을 잘못했을 때

▶ 좋은 표현

Lady: Thank you. She is quite a little lady.

▶ 바람직하지 못한 표현

Are you blind? She is wearing pink.

What can I say? She is like her daddy.

③ 약간 과체중인 지인을 만났을 때

▶ 좋은 표현

Lady: Susie. It is great to see you.

▶ 바람직하지 못한 표현

You still have such a pretty face, no matter how much weight you gain.

You should look into the new surgery.

I know this great diet. If you want it.

Why don't you meet me tomorrow morning at the gym?

④ 입양했다는 소식을 들었을 때

▶ 좋은 표현

Lady: Congratulations. He is a very lucky boy and you're a lucky mommy.

▶ 바람직하지 못한 표현

He will start looking like you after a while.

Are you going to tell her she is adopted.

⑤ 남자에게 데이트 신청을 할 때

▶ 좋은 표현

Lady: Would you like to have dinner with me?

▶ 바람직하지 않은 표현

I have an opening in my schedule, would you like to do something?

I have had a friend cancel on me, are you available?

⑥ 결혼 소식을 들었을 때

▶ 좋은 표현

Lady: That is great news. Have you set the date?

▶ 바람직하지 않은 표현

You could do so much better. Please don't marry that guy.

Why don't you just try living together first?

Let me give you the name of my lawyer. You are probably going to need it.

⑦ 다른 여성의 복장이 사교행사에 적합하지 않다는 것을 발견했을 때

▶ 좋은 표현

Lady: If you prefer, I can change before we go out.

▶ 바람직하지 않은 표현

I wish you had been more specific about the dress code.

I thought you said we were going someplace nice.

⑧ 아는 여성/남성이 남편이나 부인 이외의 사람과 식사하는 것을 보았을 때

▶ 좋은 표현

Lady: Hello, Maria(John), how is your dinner?

▶ 바람직하지 않은 표현

Don't worry. My lips are sealed.

Let me guess. This is your niece. Right?

⑨ 이혼 또는 친구와 헤어졌다고 말할 때

▶ 좋은 표현

Lady: I am sorry to hear that. Are you doing Okay?

▶ 바람직하지 않은 표현

Who is having the affair?

Who is getting the house?

I know somebody who is perfect for you.

⑩ 접시의 음식을 함께 먹고 싶어할 때

▶ 좋은 표현

Lady: If you'd like to sample my entrée, let us ask the waiter to bring anther plate.

▶ 바람직하지 않은 표현

Didn't your mother teach you any manners?

Eat your own food. I don't share.

You are embarrassing me.

⑪ 주머니 사정 이상의 와인을 주문할 경우

▶ 좋은 표현

Lady: I was thinking about having one of the Californias. They are a little more within my price range.

▶ 바람직하지 않은 표현

Wait a minute. Have you forgotten who is paying for this?

I am sorry but my expense account won't cover that.

Okay, but it means you can't have dessert.

⑫ 음식점의 서비스가 불만족스러울 때

▶ 좋은 표현

Lady: We seem to be having a problem here. Would you point out the manager for me, please?

▶ 바람직하지 않은 표현

How many times do I have to ask you for a glass of water?

Can't you get anything right?

I guess you don't know who I am, do you?

You just made a big mistake. I am normally a big tipper.

⑬ 다이어트 중이라고 말할 때

▶ 좋은 표현

Lady: Good luck. I really admire you willpower.

▶ 바람직하지 않은 표현

You don't need to lose weight.

Are you on another diet? Why don't you just give up?

I was just thinking you needed to drop a few pounds.

⑭ 상대가 원하지 않는 주문을 할 때

● 좋은 표현

Lady: Thank you for your suggestion, but I would really prefer the T-bone steak tonight.

▶ 바람직하지 않은 표현

I am a big girl now, thank you. I can do my own ordering.

This is the twenty-first century. Or haven't you heard?

⑮ 술을 마시지 못할 경우

▶ 좋은 표현

Lady: A: May I get you something to drink? / Would you like a glass of wine?

B: I'd love a soda or a glass of water, if that is available.

⑯ 필요 이상으로 대화가 길어질 때(대화를 중단하고 다른 일을 해야 할 때)

▶ 좋은 표현

Lady: I wish I had time to continue our conversation, but I've got a meeting(a lunch appointment/a deadline) in a half hour. Now, what was the point you wanted to make?

▶ 바람직하지 않은 표현

I need to run. I've got something more important to do.

Is this going to take much longer?

⑰ 잘 모르는 사람에게 선물을 주라고 할 때

▶ 좋은 표현

Lady: Thanks for asking, but Maria and I hardly know each other at all.

▶ 바람직하지 않은 표현

Why should I give her a present. What's she ever given me?

If I want to give somebody a present, I'll do it myself.

⑱ 사직서를 냈다는 소식을 들었을 때

▶ 좋은 표현

Lady: That had to be a tough decision, but I know you had to do what was right for you.

▶ 바람직하지 않은 표현

Maybe you should have waited. It's always easier to find a new job.

Aren't you just terrified? I would be scared to death not to have a job.

Are you going to sign up for unemployment?

I hope you didn't burn too many bridges.

⑲ 동료가 거짓말을 하도록 요청할 때

▶ 좋은 표현

Lady: No, I am afraid I can't do that.

▶ 바람직하지 않은 표현

You must have really messed up something bad.

What is worth to you?

You know lying is a sin, don't you?

⑳ 부당한 대우를 받았을 때

▶ 좋은 표현

Lady: I am sure we both understand we have a job to do here. I would appreciate being shown the same respect I have shown you. Now, let's get back to work.

▶ 바람직하지 않은 표현

Stop treating me like your daughter.

I am smarter than you. I have a better education than you.

㉑ 상대방의 이름이 기억나지 않을 때

▶ 좋은 표현

Lady: It is great seeing you, but you have the advantage on me here. I'd appreciate it if you'd remind me of your name again.

▶ 바람직하지 않은 표현

Tell me again how to pronounce your last name?

I am having an Alzheimer's moment.

I know we've met ten times, but it must not have made an impression.

I meet so many people, obviously, some names are going to slip my mind.

㉒ 초청을 거절할 때

▶ 좋은 표현

Lady: I won't be able to attend. I have another commitment, but thanks for the invitation.

▶ 바람직하지 않은 표현

Before I commit, tell me whom else you've invited.

Don't set a place for me. If I see you, I'll see you.

㉓ 바지의 지퍼를 채우지 않은 것을 발견했을 때

▶ 좋은 표현

Lady: John, your fly is open.

▶ 바람직하지 않은 표현

Is it really going to embarrass you if I tell you your zipper is open?

㉔ 술을 마시지 못할 때

▶ 좋은 표현

Lady: How about some soda? I don't drink alcohol.

▶ 바람직하지 않은 표현

Do you think I have to drunk like you to have a good time?

What is the matter? Afraid to drink alone?

You just want me to have a drink so you can have your way with me?

Okay, but just one.

㉕ 비슷한 옷을 입은 사람을 발견했을 때

▶ 좋은 표현

Lady: I love your style. I guess we both have good taste.

▶ 바람직하지 않은 표현

I am embarrassed. I need to go home and change.

㉖ 이미 가지고 있는 선물을 또 받았을 때

▶ 좋은 표현

Lady: What a great gift! I love it!

▶ 바람직하지 않은 표현

You know, when I bought my first one of these, I thought how much I'd really like to have two of them.

I guess great minds think alike.

You didn't happen to keep the receipt, did you?

㉗ 도자기 접시를 깼을 때

▶ 좋은 표현

Lady: Are you all right? I hope you didn't cut yourself.

▶ 바람직하지 않은 표현

Do you know what a plate like that cost?

That can't be replaced. It was a family heirloom.

Luckily you can buy me a replacement at a department store.

㉘ 만취한 동료를 발견했을 때

▶ 좋은 표현

Lady: You've had plenty of drink. I am concerned about your safety. Just to be safe, give me your keys. We are going to get you a cab home.

▶ 바람직하지 않은 표현

If you don't realize how drunk you are, you've got a real problem.

㉙ 대화 중에 전화가 왔을 때

▶ 좋은 표현

Lady: Excuse me, please. I need to take this call. I'll try to make it quick.

▶ 바람직하지 않은 표현

You folks don't mind if I take this call, do you?

Keep yourselves entertained. I'd better catch this one.

㉚ 상대가 사과했을 때

▶ 좋은 표현

Lady: I accept your apology. I was hurt. I admit and I appreciate your concern for my feelings. Now let's move on.

▶ 바람직하지 않은 표현

Your sorry is not enough.

I guess you expect me to believe you really mean that.

I know you are not sorry.

All right, but don't let it happen again.

"I am sorry" isn't good enough.

㉛ 파티 참석이 어려운 경우

▶ 좋은 표현

Lady: I am sorry I am not able to attend. I hope you will let me have a rain check.

▶ 바람직하지 않은 표현

I am sorry, but we can't make it tonight. I just received a dead-line for Monday and it means no playtime this weekend.

Chapter 12

초대 예절

12.1 손님을 집으로 초대한 경우

초대 손님의 음식 알레르기 유무를 확인한다. 사람들마다 각종 알레르기로 고통을 받을 수도 있다. 잘 알지 못하면 엄살처럼 보이기도 하지만 때로는 심각한 결과를 초래하기도 하기 때문에 상당히 조심해야 하는 부분이다.

예를 들어 땅콩 알레르기가 있어 한 조각만 먹어도 호흡곤란 증세를 보이는 사람이 있는가 하면, 복숭아를 먹으면 목이 붓고 말을 못하는 사람도 있으며, 갑각류 생선에 대한 알레르기를 호소하는 사람, 고추가 들어간 음식에 거부 반응을 보이는 사람, 꽃가루에 약한 사람 등, 우리가 보기에는 아무것도 아닌 것에 그들은 경우에 따라 생명마저도 위협받는다.

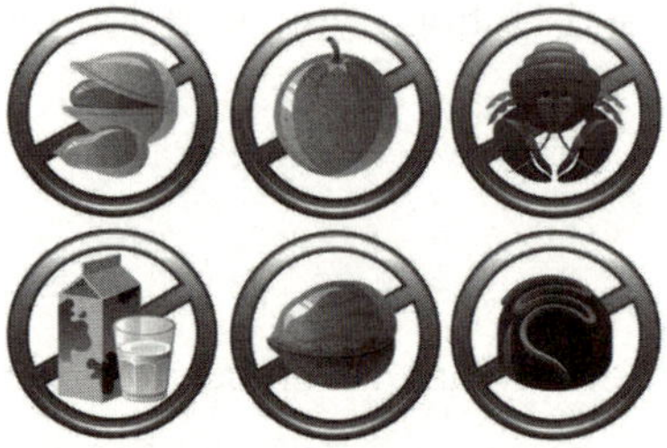

사진 출처: www.ausglobetrotter.com

따라서 다른 건 몰라도 이 부분에 대해서만큼은 항상 신경을 써야 한다. 예를 들어 그들을 초대할 때도 알레르기가 있는지를 확인하고 음식을 장만하여 대접해야 하며, 자신이 만들어 대접한 음식에서 어떤 문제가 발생할 때는 그들은 냉정하게 돌변하여 부주의함에 화를 내며 소송을 하는 경우도 발생할 수가 있다. 이런 점을 꼭 주의해야 한다.

- 텔레비전을 꺼야 한다. 야구경기, 콘서트 등 텔레비전 프로그램을 보는 목적으로 모인 경우를 제외하고 텔레비전을 꺼야 한다.
- Background 음악을 틀고자 할 경우, 대화에 방해가 될 정도로 소리를 높여서는 안 된다.
- 숙녀는 15분 정도 늦을 경우 Host에게 연락해서 사정을 말하고 파티가 제시간에 시작될 수 있도록 배려한다.
- 종교가 다르더라도 숙녀는 Host가 기도를 할 경우 고개를 숙인다. 기도가 끝났을 때, "Amen"을 함께 외칠 필요는 없다.

- 숙녀는 동료와 식사 중에 논쟁을 하지 않는다.
- 숙녀는 식사 중 대화를 이끌어가려고 주도하지 않는다.
- Bread Basket은 시계 방향으로 돌린다. 따라서 숙녀는 Bread Basket을 왼쪽으로 돌린다.
- 숙녀는 음식의 맛을 보기 전에 미리 소금을 치지 않는다.
- 공적인 자리 또는 사적인 자리에 관계없이 숙녀는 초대에 감사하다는 것을 글로 또는 전화로 Host에게 알려준다.

12.2 숙소 확보 및 준비 사항

- 숙박 호텔 사장 또는 총지배인 영접
- 귀빈실 전담 종업원 배치
- 연락 사무실 개설(24시간 운영)
- 의무팀 상시 대시

- 객실별 비치 품목

객실 용도	사전 비치 품목
귀빈 객실	꽃, 과일, 술 준비
공식 수행원 객실	꽃, 과일, 술, 일정표, 참고자료, 각종 사교행사 초청장
기타 수행원 객실	일정표, 참고자료, 각종 사교행사 초청장(참석 대상자일 경우)

Chapter 13

방문 예절

방문 예절은 방문객 입장에서 방문객을 맞이하는 입장에서 갖추어야 할 예절을 모두 다룬다.

13.1 방문 준비

- 복장
- 명함
- 선물(필요할 경우) : 선물 준비에 대해서는 Chapter 14 '선물 예절'을 참고한다.

① 복장 체크 리스트

- 여성의 경우

구분	체크 사항	
머리	청결한가? 복장에 잘 어울리는가?	잘 손질되어 있는가?
화장	청결한가? 색조가 자연스럽고 조화로운가?	화장이 흐트러지지 않았는가?

액세서리	액세서리 크기가 적절한가?	너무 눈에 띄지는 않은가?
복장	색상은 적절한가? 얼룩이 묻어 있는가? 단추가 떨어졌거나 떨어지려고 하는가? 행사 참석에 적합한 복장인가?	구겨지지 않았는가? 스커트 단 처리가 깔끔한가? 계절에 잘 맞는가?
손	손톱의 길이는 적절한가?	매니큐어는 깔끔한가?
스타킹	색상은 적절한가? 예비 스타킹은 갖고 있는가?	늘어지거나 올이 풀리지는 않았는가?
구두	색상은 적절한가? 굽이 너무 높지는 않은가?	깨끗한가? 뒤축이 구겨지지 않았는가?
명함	명함 지갑에 적당한 매수의 명함이 들어 있는가?	

- 남성의 경우

구분	체크 사항	
머리	청결한가? 비듬이 묻어 있는가?	단정한가? 냄새가 나지 않는가?
얼굴	면도는 잘 되어 있는가?	
셔츠	얼룩이 묻어 있지는 않은가?	주름이 있는가?
넥타이	매듭이 바른가? 색상은 적절한가? 깨끗한가?	길이는 적당한가? 넥타이 핀의 위치는 적절한가?
벨트	낡지는 않았는가?	변형되지는 않았는가?
양복 상의	주머니가 불룩하지 않은가? 단정한가?	깨끗한가?
양복 하의	얼룩이 묻어 있지 않은가? 무릎이 튀어나와 있지 않은가?	주름이 있는가? 바지 길이는 적절한가?
손	손톱은 청결한가?	손톱은 짧게 깎여 있는가?
양말	색상은 적절한가? 맨살이 보이는가?	주름이 잡혀 있는가?
구두	색상이 적절한가?	깨끗한가?
명함	명함 지갑에 적당한 매수의 명함이 들어 있는가?	

- 방문 예절 기본
  - 사전 약속 없는 방문은 비즈니스 매너에 위반된다.
  - 방문일까지 철저한 준비를 한다.

▸서류와 자료를 준비

▸대화내용 및 질문사항 메모

▸방문처에 대한 사전조사(경영진, 경영방침 등)

▸명함, 수첩, 필기도구

- 약속시간 5분 전에 도착해야 한다(너무 일찍 오면 주변에서 대기).
- 늦을 경우 반드시 전화연락을 한다.

13.2 상황별 방문 예절

① 거래처 방문

- 사전 약속을 정한다.
- 방문자의 이름을 밝히고 명함을 내민다.
- 응접실에서 앉아서 기다린다.
- 상대방이 들어오면 일어나서 인사한다.
- 차나 커피는 감사의 말과 함께 마신다.
- 떠날 때는 정중히 인사한다.

② 방문객 응대

- 인사를 한다.
- 성함을 묻는다.
- 약속 여부를 묻는다.
- 용건을 묻는다.
- 담당자를 찾아 용건을 연결해 준다.

③ 방문객 안내

- 복도를 걸어갈 때 2~3보 앞에서 걷는다.
- 코너를 돌거나 계단을 걸어갈 때 손으로 가리키면서 미리 말해준다. 계단을 오를 때 손님보다는 아래쪽에서 걷는다. 계단을 내려갈 때 손님보다

는 앞에서 걷는다.

– 여는 문은 손님보다 먼저 들어가고 당기는 문은 손님을 먼저 들어가게 한다.

– 엘리베이터에서는 손님을 먼저 태운다. 엘리베이터를 나설 때는 손님을 먼저 내리게 한다.

– 손님을 의자로 안내한다. 상석은 입구에서 먼 좌석이며, 밖의 전경이 잘 보이는 자리가 상석이다.

– 손님을 혼자 기다리게 하는 것은 결례이다.

④ 사무실 접대

– 가볍게 문을 노크하고 들어간다.

– 손님에게 먼저 차를 제공한다.

– 손님의 우측 안쪽에 차를 놓는다.

– 찻잔을 받침에 얹어서 한 잔씩 차례로 내놓는다(여러 명이 있더라도 차 받침대를 미리 깔아놓으면 안 된다).

– 커피 잔은 손잡이가 오른쪽에 놓여야 한다.

– 방을 나갈 때 가벼운 목례를 한다.

⑤ 식사 접대

– 손님의 기호에 맞는 메뉴를 정한다.

– 미리 좌석 배치를 정해둔다.

– 음주 예절을 지킨다.

– 과음을 삼간다.

– 자세를 흩트리면 안 된다.

– 접대 장소에서 가급적 업무 얘기는 삼간다.

– 손님이 보지 않을 때 계산을 한다.

⑥ 레이디 퍼스트

– 여성은 자동차를 탈 때 차 안으로 먼저 몸을 굽혀 들어가는 것보다는 차

밖에서 차 쿠션에 먼저 앉고, 다리를 모아서 차 속에 들여놓는 것이 보기 좋다.

- 내릴 때는 반대로 차 쿠션에 앉은 채 먼저 다리를 차 밖으로 내놓고 나오도록 한다.
- 자동차, 기차, 버스 등을 탈 때는 여성이 먼저 타고 내릴 때는 남성이 먼저 내려 필요하면 여성의 손을 잡아주는 것이 에티켓이다.
- 계단을 오를 때는 남성이 여성보다 앞서고 내려올 때는 반대로 여성이 앞서는 것이 에티켓이다.

⑦ 이동

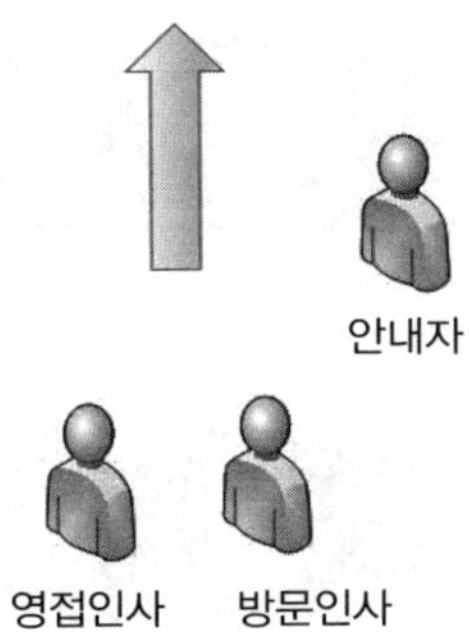

공장 시찰

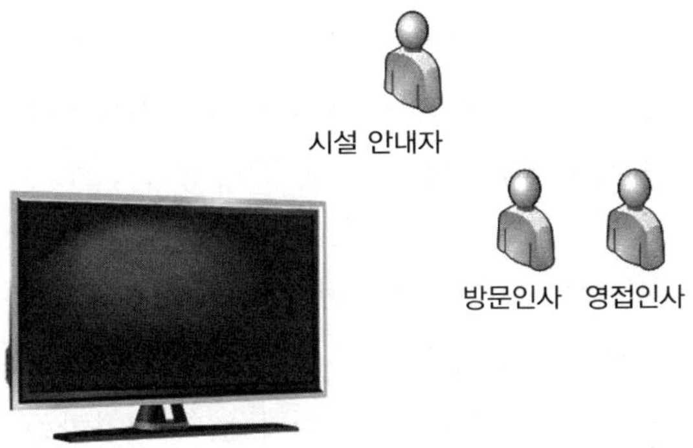

시설물 관람

- 남성이 두 여성과 함께 길을 갈 때 : 두 여성 다 인도 안쪽을 따라 걷게 하고 남자는 차도 쪽에서 걷는다. 그러면 남성은 두 여성을 동시에 보아 가며 이야기한다.
- 두 남성과 한 여성이 길을 갈 때 : 여성은 두 남성 가운데에서 걸으며 동등하게 대화한다.
- 호텔에서 여자 혼자 남자 손님의 방문을 받았을 때는 로비에서 만나는 것이 원칙이다.
- 좁은 계단이나 복도에서 남성과 여성이 엇갈려 지나갈 경우 남성이 몸을 비켜 여성이 지나가도록 함. 이 경우 여성은 가벼운 목례로 남성에게 감사를 표시해야 한다.

▸보행할 때, 승강기를 탈 경우의 의전

- 안내를 할 경우 상급자가 오른쪽에 위치한다.
- 안내원이 없는 엘리베이터의 경우 손님과 단 둘일 경우, 손으로 버튼을 누르고 손님을 먼저 태우고, 내릴 때도 손님이 먼저 내리게 한다.
- 손님이 2명 이상일 경우 먼저 탄 후 문이 닫히지 않도록 열림 단추를 손님들을 안전하게 탈 수 있도록 한다.

▸자동차의 상석

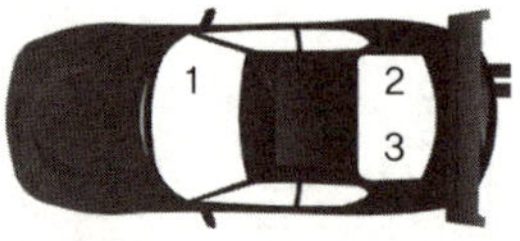

차량 주인이 직접 운전할 경우에는 주인의 옆자리가 상석이다.

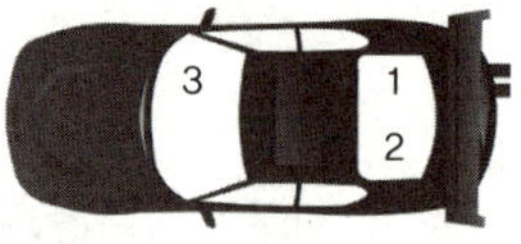

운전사가 있는 경우는 운전석 대각선 자리가 가장 상석이다. 부부 방문 시에는 함께 탑승한다. 통역은 옆좌석에 탑승한다.

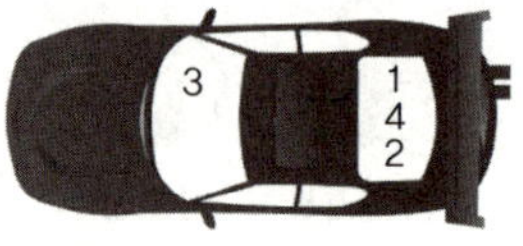

4명이 탑승할 경우 : 지프인 경우 운전자 옆자리가 언제나 상석이다. 승차 시는 상위자가 먼저 승차한다. 하차 시는 반대로 하위자가 먼저 하차하는 것이 관례이다.

Chapter

14 선물 예절

14.1 선물의 의미

선물을 줄 때 문화와 종교 등을 고려해야 한다. 선물을 거절해서 전쟁이 일어나기도 한다.

거란의 야율아보기는 고려와 국교를 맺기 위해서 942년 고려 태조 왕건에게 사신과 낙타 50두를 보냈다. 그러나 태조 왕건은 "거란은 하루아침에 발해를 멸망시킨 무도(無道)한 나라이므로 국교를 맺을 수 없다"라고 말하면서 사신 30명을 섬으로 유배를 보내고 낙타는 개성의 만부교(萬夫橋) 아래에 매달아 굶어 죽게 하였다. 이로 인해 양국 관계는 단교로 이어졌고, 이후 세 차례 거란(요)의 침략을 받게 되었다.

선물로 전쟁에서 이긴 경우도 있다. 10년간 지속된 트로이전쟁에서 그리스군은 오디세우스의 제안으로 거대한 목마를 만들어 트로이성 앞에 남겨두고 군대를 물렸다. 트로이인들은 거대한 목마를 그리스의 화해 선물로 착각하고 성 안으로 들였다. 트로이인들이 승리의 잔치를 벌여 취해있던 사이, 목마 안에 숨어서 기회를 엿보고 있던 오디세우스와 병사들은 트로이인들이 방심한 틈에 목마에서 나와 트로이를 함락시켰다.

1962년 미국의 케네디 대통령 시절에는 백악관 비서가 네루 수상을 만나기

위해 인도를 공식 방문하는 케네디 대통령의 사진 60장을 청색의 소가죽 액자 틀에 넣어서 뉴델리 주재 미국 대사관으로 보냈다. 인도에서는 소를 신성시하고 있으므로 잘못을 인지한 후 소가죽 액자는 은제 사진틀로 바꾸어서 전달되었다.

이상의 이야기들은 선물을 고르는 데 신중할 필요가 있다는 메시지를 담고 있다.

① 동양에서 선물의 의미

- 일상생활화된 습관
- 상대방의 성의 척도
- 필요 시 고가 선물 관행

② 서양에서 선물의 의미

- 선물 명분 중시
- 선물의 가치보다 성의를 중시
- 고가의 선물은 뇌물로 간주

③ 외국인에게 적절한 선물의 종류

민속품: 금관 모형, 거북선 모형, 화각장, 하회탈 액자, 한복 인형,
실크 노리개, 인삼, 매듭

④ 외국인으로부터 오찬 또는 만찬에 초대받았을 경우의 선물

- 포도주, 초콜릿
- 꽃과 화분은 방문 전에 미리 보내도 된다.
- 케익은 초대한 여주인이 직접 만들어서 대접하므로 제빵제과점에서 구입

해서 가는 것은 적절하지 않다.

14.2 국가별 선물 선택에서 주의할 점

① 일본

- 선물을 갑자기 꺼내 놓지 않으며, 미리 선물에 대해서 언급한 후에 선물을 전달한다.
- 선물은 헤어질 때 전달한다.
- 선물을 전달할 때 두 손을 사용한다.
- 선물을 받고 그 자리에서 바로 열어보지 않는다.
- 선물을 홀수로 주지 않으며, 짝으로 된 것이 행운을 준다고 여긴다. 그러나 4개가 세트인 선물을 주지는 않는다. 예 원앙새
- 선물로 적합한 것은 소고기, 과일, 술(브랜디, 위스키, 버본, 와인) 등이다.
- 일본인은 고급 백화점에서 구입한 것을 좋은 선물로 평가한다.
- 반짝거리는 포장지로 선물하지 않고, 포장 후에 리본을 달지 않는다.
- 흰색 종이 포장: 죽음의 색깔을 뜻한다.
- 밝은색의 포장도 금지
- 흰색의 꽃 선물 금지
- 숫자 4와 관련된 선물 금지
- 칼: 자살을 상징
- 여우를 묘사한 선물: 풍부함을 의미
- 오소리를 묘사한 선물: 교활함을 의미
- 선물만 주는 것보다 간단한 메시지가 담긴 카드와 함께 전달한다.
- 일본인은 김치, 김, 도자기 제품을 좋아한다.
- 일본인에게 부채가 바람에 날아간다는 의미로 해석하므로 반가운 선물이 아니다. 한국에서는 시원한 여름을 보내라는 의미 또는 예술적 전시물로 부채를 선물한다.

② 중국

- 고급 펜은 좋은 선물이다.
- 술·담배·라이터·칼을 선물로 선호한다.
- 흰색은 죽음을 의미한다.
- 우산 雨伞[yǔ sǎn]도 이별을 뜻하는 단어 云散[yún sàn]의 발음과 비슷
- 꽃다발로 주지 않는 것이 좋다. 꽃은 생명이 짧다는 것을 의미하고 주로 장례식에서만 이용한다.
- 시계는 매장(파멸)을 의미한다. 손목시계는 중국인들이 한국에서 구입하는 인기 쇼핑 품목 중의 하나이지만 선물로는 적합하지 않다.
- 학 또는 황새가 그려진 그림을 선물하지 않는다.
- 짚신과 손수건을 선물하지 않는다.
- 흰색, 파란색, 검은색의 선물을 하지 않는다.
- 괘종시계 挂钟(guà zhōng)는 끝나다 终[zhōng]과 발음이 비슷해서 죽음을 상징한다. 그러나 한국에서는 개업식 때 벽시계를 선물하는 사회적 분위기가 있다.

- 선물을 포장을 할 때 청색과 백색은 중국문화에서는 장례식의 색깔로 되어 있으므로 사용하지 않는 것이 좋다.
- 한 가지 선물보다 두 가지 선물이 좋다(두 가지는 행운을 가져온다고 생각).
- 박쥐는 행운을 전해주는 동물로 여기며, 학이나 거북이 등은 사람을 바보로 취급하는 말로 여긴다. 한국에서는 학은 우아함으로 인식하고, 거북이는 건강하게 장수하는 것과 연계해서 인식하고 있다.

③ 프랑스

- 선물로는 책, 레코드, 판화 등 지적 감각이나 심미안이 깃든 것이 좋다.
  예 한국의 음악 CD 선물
- 와인이나 꽃을 선물하는 것은 교제를 희망한다는 뜻이므로 오해를 살 수 있다.
- 당신을 사랑한다는 구애의 뜻을 내포하고 있는 빨간 장미는 불필요한 오해를 살 수 있다.

- 프랑스인들에게 와인을 선물하는 것은 한국인에게 소주를 선물하는 것과 다를 바가 없다.
- 향수 선물의 의미: 헛수고
- 카네이션 선물: 장례식에 많이 쓰므로 불길한 꽃으로 생각

④ 독일

- 포장한 꽃: 독일인은 포장한 꽃다발을 좋아하지 않으며 주로 홀수로 선물한다.
- 빨간 장미: 구애를 의미하며, 연인 사이에만 주고받는다.
- 짝수로 꽃을 선물하는 것은 불행을 의미한다.

  짝수의 꽃: 불행을 가져온다고 생각하므로 홀수를 선물하되 13송이는 피한다(유럽 국가).
- 흰 국화: 죽음을 상징(유럽 국가 공통)
- 흰색, 검정색, 갈색의 포장지와 리본은 사용 금지

⑤ 대만

- 칼, 가위 등은 관계 단절을 의미하므로 선물하지 않는다.

⑥ 말레이시아

- 말레이시아에서는 이슬람 신도가 많다. 이슬람 신도는 개를 부정한 동물로 여기기 때문에 어린아이에게 주는 장난감 강아지나 개 그림이 들어간 선물 등은 모욕적인 행위로 받아들여진다.

  예 우리나라의 전통 민화 속에는 개와 고양이, 닭이 그려진 그림이 많은데 그 중에서 특히 개가

그려진 그림을 소개하거나 선물로 주지 않는다.

- 말레이시아 본토인의 집에 초대되었을 때는 초콜릿을 준비한다. 포장지는 노란색을 사용하지 않는다. 노란색은 왕족만의 색상이다. 선물을 받으면 바로 열지 않는다. 선물을 전할 때는 오른손을 사용한다.
- 말레이시아의 중국인의 집에 초대되었을 때는 과일, 사탕, 케이크를, 인도인에게는 꽃을 준비한다. 포장지는 붉은색, 핑크색, 노란색으로 포장한다. 선물은 홀수로 할 경우 행운이 없다고 믿으므로 짝수가 좋다. 선물을 받으면 바로 열어본다.
- 말레이시아의 인도인의 집에 초대되었을 때는 꽃을 준비한다. 돈은 홀수로 주어야 한다. 포장지는 흰색이나 검은색을 사용하지 않는다. 포장지는 붉은색, 노란색, 녹색으로 선택한다. 힌두교도에게는 가죽 제품을 선물하지 않는다. 선물을 받고 바로 열어보지 않는다.

⑦ 베트남

- 집에 초대될 정도로 친해질 때까지 선물을 하지 않는다. 뇌물로 오해받을 수 있다.
- 손수건을 선물하지 않는다.

⑧ 인도

- 소가죽 제품을 선물하면 안 된다. 예 소가죽 벨트, 소가죽 지갑
- 칼, 가위, 시계, 손수건, 샌들을 선물하지 않는다.

⑨ 터키

- 집에 초대되었을 때 장미, 카네이션, 사탕, 초콜릿을 준비한다.
- Host가 술을 마시는 것을 분명히 알고 있는 경우, 와인을 준비한다.

⑩ 이탈리아

- 와인을 선물할 때는 최고급 빈티지 와인을 선택한다.
- 초대를 받았을 때, 선물로 적합한 것은 포장된 초콜릿, 6개와 12개를 피한

짝수의 꽃을 준비한다.

⑪ 헝가리

- 헝가리인 집에 초대되었을 때, 초콜릿, 꽃, 서양 술을 준비한다.
- 꽃은 홀수로 주지만 13송이는 불행을 가져다 준다고 믿으므로 13송이 꽃을 주지 않는다.
- 헝가리인 집에 초대되었을 때 와인을 가지고 가지 않는다. 헝가리인들은 자국에서 생산되는 와인에 대한 자부심이 남다르다.

⑫ 러시아

- 러시아인 집에 초청받을 때 절대로 빈 손으로 가지 않는다.
  예 와인, 작은 케이크, 과일, 예쁜 상자로 포장된 초콜릿

⑬ 멕시코

- 비서는 선물을 선호한다. 두 번째 방문에서 비서에게 향수나 스카프를 전달한다. 선물을 전달할 때 자신의 부인이 전해달라고 했다는 점을 꼭 언급한다.
- 자주색, 보라색, 노란색 꽃은 죽음을 의미하므로 선물하지 않는다.
- 빨간색과 흰색은 주문을 거는 꽃으로 인식한다.
- 은으로 된 선물도 하지 않는다. 은으로 된 선물은 관광객에게 파는 것으로 인식하고 가장 값싼 선물로 평가한다.

⑭ 브라질

- 초대 받은 집에 다음 날 꽃을 보낸다.
- 자주색과 보라색 꽃 : 죽음을 상징(멕시코, 브라질)
- 칼: 브라질과 아르헨티나 등 라틴아메리카에서 칼을 선물하는 것은 인간관계의 단절을 뜻하는 행위로 인식된다. 그러나 동전과 같이 선물하면 단절의 의미가 말소된다(라틴아메리카 공통).
- 한국 음악 CD는 좋은 선물이다.

Chapter 15

공식 사교행사 예절

International Manners & Image Making

15.1 공식 사교행사 계획과 진행

① 기본 계획 수립

- 행사 목적에 따라 장소, 참석 대상자, 참석 규모, 진행 절차, 소요 예산 등이 결정
- 추진 일정표 작성
- 준비사항 점검표 작성
- Main 행사와 함께 부수적인 행사(다과회, 기념 식수, 현장 시찰, 초청 강연)도 함께 연계해서 진행한다.

② 행사 개최 일시

대중교통의 혼잡 상황, 참석 규모, 참석자의 이동 수단, 이동 거리 등을 고려해서 결정

③ 초청 범위

- 행사 목적에 부합되는 인사

- 행사 개최 지역의 주요 인사
- 행사 개최 효과 및 결과에 기여할 수 있는 인사

④ 행사준비위원회 구성 및 운영

행사 전체 기획 및 총괄, 초청자 관리, 행사장 섭외, 차량 섭외, 홍보 지원 등 담당 역할로 팀을 구성한다.

④ 행사 진행 순서별 실무 계획

⑤ 행사 진행 절차별 준비사항

⑥ 행사 진행 순서

순서
개식
국기에 대한 경례 국기의 위치(정중앙 또는 단상을 바라보면서 왼쪽에 위치)
애국가 제창
순국선열에 대한 묵념
행사 경과 보고서
환영사(정부기관 대표, 행사 주관 대표)
포상
치사: 행사 주관장보다 높은 상급자 원칙, 기념사, 축사
폐식

⑦ 진행요원의 역할

⑧ 진행 내용 작성

⑨ 주차 계획

- 하차부터 행사장 입장까지의 경로 확인
- 충분한 주차 공간 확보

⑩ 사회자

- 사회자 확보 및 역할 결정
- 행사 시나리오 작성
- 소개 대상자의 공식 직위명 정확하게 전달

⑪ 사회자 시나리오 준비

구분	사회자 문구	음악
행사 전		잔잔한 배경 음악
행사 개시 안내	안녕하십니까? 오늘 행사 진행을 맡은 (직책) (성명)입니다. 바쁘신 중에도 불구하고 오늘 이렇게 (행사명)에 참석해 주신 내빈 여러분께 진심으로 감사드리며, 오늘 행사 진행 순서를 간략히 말씀 드리겠습니다. 잠시 후에 진행될 순서는 A, B, C, D입니다.	
행사 협조 사항 안내	식 진행과 관련하여 내빈 여러분께서 협조해 주실 사항을 몇 가지 말씀 드리겠습니다. 먼저 주빈께서 입장하실 때에는 모두 자리에서 일어나셔서 박수로 맞아 주시기 바랍니다. 기념식이 끝나면 휴식시간이 없이 바로 (공연 이름) 공연이 있겠습니다. 공연내용은 행사 안내 팜플렛을 참고하시기 바랍니다. 끝으로 내빈 여러분은 행사 진행 중 핸드폰을 사용하실 수 없으니 지금 바로 전원을 꺼주시기 바랍니다. 곧 행사가 시작될 예정이오니 잠시 기다려 주시기 바랍니다.	
주빈 입장	지금 (직위, 성명)께서 식장에 입장하고 계십니다. 모두 자리에 앉아 주시기 바랍니다.	입장곡
행사 시작	지금부터 (행사명)을 시작하겠습니다.	팡파르 음악
국민의례	먼저 국기에 대한 경례가 있겠습니다. 모두 일어나셔서 정면에 있는 국기를 향하여 주시기 바랍니다. 국기에 대한 경례! "나는 자랑스러운 태극기 앞에 자유롭고 정의로운 대한민국의 무궁한 영광을 위하여 충성을 다할 것을 굳게 다짐합니다." 바로!	경례곡
애국가 제창	다음은 애국가 제창이 있겠습니다.	
순국선열에 대한 묵념	이어서 순국선열에 대한 묵념이 있겠습니다. 일동 묵념! 묵념곡이 있을 경우: 1분 묵념곡이 없을 경우: 30초 바로! 모두 자리에 앉아 주시기 바랍니다.	묵념곡

경과보고	먼저 (직책, 성명)의 (보고 제목)에 대한 경과보고가 있겠습니다.	
	다음은 (주빈: 직책, 성명)께서 (제목)에 대한 포상을 하시겠습니다. 호명되신 수상자께서는 단상으로 나와주시기 바랍니다. A, B, C, D 일동 차려! 경례! 바로! 수상 및 상패 전달 동일한 수상이면 이하 동문 수상 종료: 일동 차려! 경례! 바로! 수상자께서는 자리로 돌아가 주기기 바랍니다.	
기념사/ 축사	이어서 (직책, 성명)께서 치사를 해주시겠습니다. 치사를 해주신 (직책, 성명)께 뜨거운 박수 부탁드립니다.	
폐식	이상으로 (행사명)을 모두 마치겠습니다. (행사명)을 함께 해주신 내빈 여러분께 진심으로 감사드립니다.	팡파르 음악
	지금 (주빈)께서 식장을 떠나고 계십니다.	퇴장곡
	출구가 혼잡하오니 내빈 여러분께서는 천천히 퇴장하여 주시기 바랍니다. 감사합니다.	

⑫ 단상 인사 범위

– 행사 주관 기관장 또는 회사의 대표

– 행사와 관련이 있는 고위 공직자

– 행사 결과 보고 등 행사 진행 책임자

15.2 공식 사교행사 준비물

① 연회의 종류

– 공식 연회: 국빈 만찬 등 공식 연회

– 비공식 연회: 일반 사교 모임

② 공식 연회 준비물

- 연회 목적 결정
- 주최자(Host) 및 주빈(Guest of Honor) 결정
- 부부동반 여부
- 연회 일시 확정
- 초청인사 결정(Guest List)

In honor of

Mr. Gil Dong Hong

President of ABC Company and his esteemed wife, Mrs. Hong

Mr. Soon Shin Lee

Chairman of DEF Company

Requests the pleasure of the company of

Mr. and Mrs. (초청 대상자 이름)

At dinner

On Saturday, the twenty first of June

At Seven O'clock

Lounge Suit — GHI Room

R.S.V.P. Card enclosed — JKL Hotel

R.S.V.P.

(참석자 이름)

◈ Will attend

◈ Will not be able to attend

At the dinner.

Please leave this R.S.V.P. Card at the information desk on the first floor of JKL Hotel no later than the twentieth of June, 10 o'clock.

③ 초청장

- 행사의 목적, 공식 명칭, 일시, 장소, 초청자의 직위와 성별, 부부동반 행사 여부, 복장, 참석 여부 통보 방법을 적는다.
- 언어는 영문 또는 해당 언어로 작성한다.

▶ 초청장 전달 방법

- 초청 대상자 호텔 투숙하는 경우, 객실에 비치한다.
- 초청인사 주소 정확한지 확인 후 우편으로 발송한다. 우편으로 발송할 경우 행사 25일~30일 전에 도착하도록 발송한다.

▶ 초청장 발송

- 초청인사 주소 등 연락처 사전 파악
- 초청인사 성명 영문 철자, 직위 확인
- 초청장 봉투와 초청장 내용에서 초청인사 성명, 직위 일치 여부 확인

④ 행사 진행 유인물

- 언론사에 배포할 행사 보도자료 준비
- 표창장, 감사장 준비(필요시)
- 초청연사, 일반 참가자에게 배포할 행사 안내문(팸플릿) 제작
- 외국인 참가자를 위한 영문 행사 안내문 준비

– 행사장 입장증(Admission Card), 주차증을 준비한다.
– 주차장에서 연회장까지의 이동 경로를 확인한다.
– 초청자 국가의 국기를 게양한다.
– 참석자의 입장카드 확인하고 명찰 또는 리본 비표를 제공한다.
– 명찰에 성명, 직위를 명시한다.

⑤ 행사 장소별 준비

구분	내용	
실내 행사	• 현수막 비치 • 단상 연사용 의자 배치 • 음향 장비 • 일반 참석자 출입구 확인 • 냉 · 난방 확인	• 국기 게양 • 연설대(주빈용과 사회자용) • VIP 이동 경로 • 비상문 위치 확인 • 환기 상태 확인
옥내 행사	• 현수막 비치 • 음향 장비	• 실내 행사에서 사용하는 단상, 실내 좌석 활용 • 출입문 위치 확인
옥외 행사	• 현수막 비치 • 옥외행사의 단상은 실내 행사의 단상보다 작고 검소한 크기로 준비(단상 주변의 면적도 최소화) • 단상을 중심으로 진입로와 퇴장로 설정 • 음향 장비 • 전경 • 참가 규모가 많은 경우, 응급차 및 소방차 행사장 인근에 배치 • 우천 시 대책(우산 또는 우비 준비 그리고 옥내 행사로 전환 가능성에 대비) • 간이 화장실	• 행사 조감도 설치 • 햇빛이 비치는 방향(행사 시작과 종료 사이) • 주차장 공간과 위치
현장 방문	• 안전모 준비 • 안전모 벗어놓을 테이블 준비	• 거울, 빗, 물수건 준비 • 방호복 구비(필요 시)

⑥ 헬리콥터

– 이륙 및 착륙 장소 확보
– 직경 20m 정도의 원형 내에 영문 H자 표시한다.
– 여러 대의 헬리콥터가 착륙할 경우, 원 중심 간 거리 60~70m 간격을 유지한다.
– 신호탄
– 헬리콥터 유도 요원 배치
– 주빈의 의자는 중앙에 정면을 향하도록 위치하고 부부동반의 경우 부인

의 의자는 좌측에 위치한다.

– 연사의 좌석들은 모두 정면을 향하고 우측에서 좌측으로 서열에 따라 배치한다.

구분	연사 좌석 배치 기준
직위가 있는 경우	• 직위 및 직급 순위 • 헌법 및 정부조직법상의 정부기관장 순위 • 상급기관 우선 순위 • 국가기관 우선 순위
직위가 없는 경우	• 전직 우선 • 연령 우선 • 연사의 명성 우선
언론인	• 촬영 장소 배정 • 보도 및 취재 편의 제공 • 행사 목적, 의미 등 행사 계획 안내서 사전에 배포 • 언론인용 비표 배포
일반인	• 참가자별 좌석 위치 안내 등 행사 안내서를 책자로 만들어 사전에 배포 • 비표 색상으로 구분하여 집단적으로 배치 • 행사 조감도 설치 • 안내요원 배치 • 참가 인원이 많을 경우, 시간차를 두고 입장하도록 배려

⑦ 행사 형식별 종류

– 오찬(Luncheon)

– 만찬(Dinner)

– 리셉션

– 칵테일 파티

– 다과회

– 뷔페

– 테이프 절단: 적·청·황·흑·백색의 테이프 준비, 가위와 흰 장갑 준비

– 기념 식수: 사람의 통행이 많은 장소 결정, 삽과 흙 준비, 표석 준비

– 현판식: 입구 우측에 위치

⑧ 연회석 좌석 배열

▶ 상석의 개념

– 문쪽에서 먼 거리에 있고 벽을 등지고 앉는 위치

– 전망이 좋은 위치로 테이블의 한 가운데

– 식탁의 가장자리에 여성이 앉는 것을 피한다.

- 공식서열과 관례상의 서열을 감안하여 좌석 배치
- 정원이 있을 경우 정원이 바라다 보이는 자리가 상석
- 부부가 나란히 앉는 것은 피한다.
- 부부가 정면으로 바라보고 앉는 것은 되도록 피한다.
- 식탁의 양끝에는 가능하면 기혼여성은 피하고 남성이 앉도록 한다.
- 기혼자가 미혼자보다 우선하므로 미혼여성은 기혼여성보다 말석에 앉는다.

▶좌석 배열

- 긴 Table

- Round Table

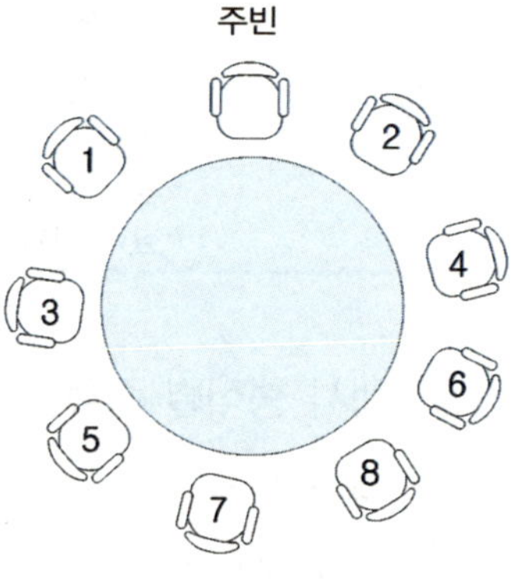

⑨ 파티에서의 복장

- 상하의 같은 색상(검은 색상)
- 미국 턱시도(유럽: 스모킹, 영국: 디너재킷)
- 양복

⑩ 파티에서의 화장

- 매니큐어
- 지나친 노출과 진한 화장은 피한다.

⑪ 파티에서의 행동

- 동행한 사람과 따로 행동한다.
- 적당한 대화시간은 15분 정도
- 큰 소리로 대화하지 않는다.

Chapter

16 음주 예절

International Manners & Image Making

16.1 한국의 음주 예절

① 술자리 착석

- 술자리에서 방 안쪽 벽을 등지고 문이 바라다 보이는 중앙 자리가 상석이다.

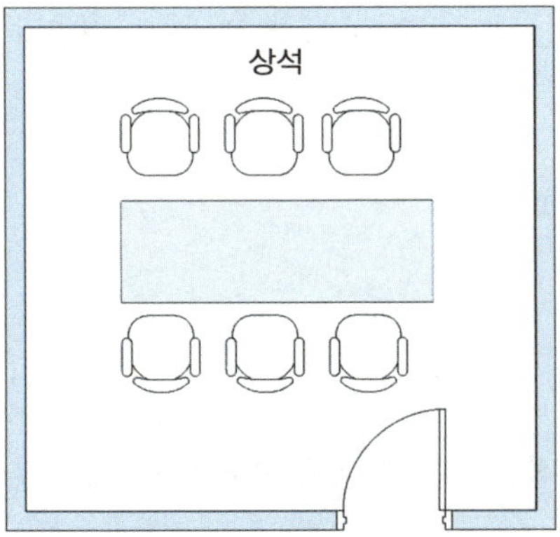

② 술잔 건네기

- 상대방의 의사를 확인한 후 권한다.
- 술잔을 줄 때나 받을 때 오른손으로 따르고 받는다.
- 윗사람에게 술잔을 드릴 때는 오른손으로 술잔을 잡고 왼손 끝으로 잔

의 밑부분을 살짝 받치면서 공손하게 드린다.

③ 술잔 받기

- 술을 받았으면 답잔을 권한다.
- 술을 더 이상 마시지 못할 때는 정중히 거절한다.
- 윗사람에게 술잔을 받을 때는 오른손으로 술잔을 잡고 왼손 끝으로 잔의 밑부분을 살짝 받치면서 공손하게 받는다.
- 건배할 때는 윗사람보다 술잔을 낮춘다.
- 술을 마실 때 고개를 약간 옆으로 돌린다.

16.2 일본의 음주 예절

- 모든 사람의 잔이 채워질 때까지 마시지 않는다.
- Kampai라고 말하며 건배를 한다.
- 다른 사람이 자신의 잔을 채워준다. 본인이 직접 술을 따라서 잔을 채우지 않는다.
- 옆 사람이 잔을 따라주려고 하면 남은 잔을 마신 후에 잔을 내민다.
- 주변 사람의 잔을 잘 살펴야 한다.

16.3 중국의 음주 예절

- 중국인이 집에 초대해서 술을 대접한다면 친근해졌다는 것으로 해석할 수 있다.
- 술잔이 다 비워지기 전에 첨잔을 한다.
- 잔을 돌리지 않는다.
- 건배를 외치며 술을 권할 때는 술잔의 술을 모두 마시는 것을 의미하며 중간에 내려놓으면 실례가 된다.
- 만약 술이 약한 사람은 미리 양해를 구해야 한다.

Chapter 17

해외출장 예절

International Manners & Image Making

17.1 해외출장 준비

- 방문국에 대해서 공부한다.
- 출장 준비물을 체크한다.

순서	내용
공항 도착	항공기 출발 2~3시간 전 도착
탑승 수속(Check in)	탁송화물 Check in, 항공좌석 배정
휴대품 검사	기내 수하물
출국 심사	
탑승	
공항 도착	
출입국 신고서 및 세관 신고서 작성	
입국 심사	여권, 출입국 신고서, 귀국 항공권
세관 검사	
공항 출발	
호텔 도착	
호텔 Check in	

- 항공사별로 사전 좌석 배정이 가능하다.

- 대한항공

구분	국제선		국내선	
	홈페이지	서비스 센터	홈페이지	서비스 센터
일등석	24시간 전 ~ 90일 전			
프레스티지석 (비즈니스 클래스)	24시간 전 ~ 90일 전		30시간 전 ~ 90일 전	24시간 전 ~ 90일 전
일반석	48시간 전 ~ 90일 전		30시간 전 ~ 90일 전	48시간 전 ~ 90일 전

- 아시아나항공

국내선: 항공편 출발시간 72시간 전부터 30일 전까지 사전 좌석 배정 가능

국제선: 항공편 출발시간 72시간 전부터 328일 전까지 사전 좌석 배정 가능

약어	영문 표기	설명
AD	Agent Discount	대리점 할인
ADC	Additional Charge	추가 요금
ADRS	Address	예약번호
ADT	Adult	성인
AGT	Agent	여행사
ATTN	Attention	주의
BBML	Baby Meal	유아식
BLND	Blind Passenger	맹인 승객
Block Seat		예비 좌석
Boarding Pass		탑승권
Booking		예약
CLN CHRG	Cancellation Charge	취소 수수료
CC	Credit Card	신용카드
CFM	Confirm	확인
CHD	Child	소아
Check in		탑승 수속
CHTR	Charter Flight	전세기
CHNT	Change Name to	명단 변경
COMM	Commission	수수료
CRS	Computer Reservation System	예약 시스템
CTC	Contact	연락처
DEAF	Deaf Passenger	청각장애 승객

DEP	Departure	출발
Direct Fare		직행운임
EXBAG	Extra Baggage	추가 수하물
EXTRA FLT	Extra Flight	특별기편
FIX		확정
FULL BKG	Full Booking	만석
GRPS	Group	단체
INF	Infant	유아
MCT	Minimum Connecting Time	최소 연결시간
MIN STAY	Minimum Stay	최소 체류시간
NMC	Name Change	이름 변경
NBR	Number	번호
NS	No Show	예약 후 탑승하지 않은 승객
VOID		무효
EFF	Effective	유효

17.2 항공기 위탁 및 휴대 수하물

항공사마다 가방 한 개당 최대 중량을 공지하고 있으므로 공항으로 출발하기 전에 미리 수하물 개당 무게를 확인한다.

① 수하물의 종류

- 수하물(Baggage): 고객이 여행 시 휴대 또는 탁송을 의뢰한 소지품 및 물품
- 위탁수하물(Checked Baggage): 고객이 여행사 항공사에 탁송 의뢰하여 수하물표를 발행한 수하물
- 휴대수하물(Carry on Baggage): 위탁수하물이 아닌, 고객의 책임과 보관 하에 기내에 휴대하여 운송하는 모든 수하물

② 기내로 가져갈 수 없는 물품

- 100ml 이상의 용기에 담긴 액체, 젤류
- 날카롭거나 뾰족하거나 긴 봉형의 물품

- 기타 타인에게 위해를 입힐 수 있는 물품(칼, 공구류, 우산 등)
- 기내로 가져갈 수 있는 규격(삼면의 합 115cm, 10kg 이내)을 초과하는 물품

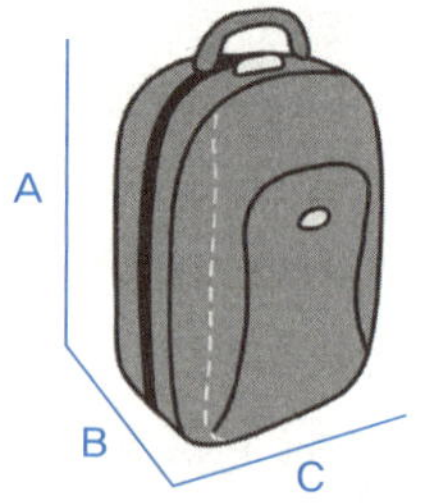

∘ A + B + C = 115cm

③ 위탁 수하물로 부칠 수 없는 물품

- 파손 혹은 부패하기 쉬운 물품
- 하드케이스에 넣지 않은 소형 악기류
- 기내 또는 여행 중에 사용될 의약품
- 노트북 컴퓨터, 휴대폰, 카메라 등 고가의 개인 전자제품 또는 데이터 저장장치, 현금, 보석이나 귀금속, 유가증권, 계약서, 논문과 같은 서류, 여권, 신분증, 열쇠, 견본(샘플), 골동품 등 가치를 따지기 어려운 귀중한 물건

④ 항공사별 휴대 수하물 규정

- 대한항공

지역	미주 구간	미주 외 구간	국내선
일등석	각 수하물의 무게가 32kg/70lb 이하이며 3면의 합이 최대 158cm/62in 이내의 짐 3개		30kg
프레스티지석	각 수하물의 무게가 32kg/70lb 이하이며 3면의 합이 최대 158cm/62in 이내의 짐 2개		
일반석	각 수하물의 무게가 23kg/50lb 이하이며 3면의 합이 최대 158cm/62in 이내의 짐 2개 ※ 브라질 출도착 여정은 32kg/70lb 이하의 짐 2개 적용	각 수하물의 무게가 23kg/50lb 이하이며 3면의 합이 최대 158cm/62in 이내의 짐 1개	20kg
소아 (만 12세 미만)	성인과 동일 + 접는 유모차, 소아용 카시트 각 1개		성인과 동일 + 접는 유모차, 소아용 카시트 각 1개
유아 (만 2세 미만)	무게가 10kg/22lb 이하이며 3면의 합이 115cm/45in 이내인 짐 1개 + 접는 유모차, 유아용 카시트(또는 운반용 요람) 각 1개		접는 유모차, 유아용 카시트(또는 운반용 요람) 각 1개

- 아시아나항공

미주 노선의 경우 클래스 등급에 관계 없이 휴대 수하물의 크기는 A + B + C = 158cm 이내 가능

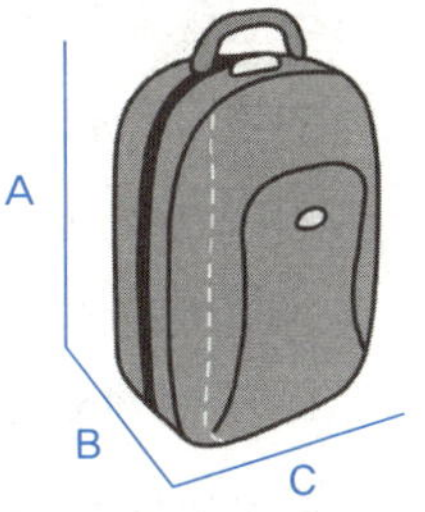

A + B + C = 158cm

지역	미주 구간	미주 외 구간	국내선
퍼스트클래스	무게: 32kg(70lbs) 이내 크기: 삼면의 합 158 cm 이내 허용개수: 2개	무게: 40kg(88lbs) 이내	
비즈니스클래스		무게: 30kg(66lbs) 이내	
일반석	무게: 23kg(50lbs) 이내 크기: 삼면의 합 158cm 이내 허용개수 : 2개	무게: 20kg(44lbs) 이내	무게: 20kg(44lbs) 이내
유아 (만 2세 미만)	무게: 23KG(50lbs) 이내 크기: 삼면의 합 158 cm 이내 허용개수: 1개 + 접을 수 있는 유모차, 유아 운반용 요람, 유아용 카시트 중 1개 추가 가능	무게: 10KG(22lbs) 이내 접을 수 있는 유모차, 유아 운반용 요람, 유아용 카시트 중 1개 가능	접을 수 있는 유모차, 유아 운반용 요람, 유아용 카시트 중 1개 가능

아시아나항공은 아시아나클럽 회원 등급에 따라서 무료 수하물 허용량이 차별화되어 있다.

외국항공사마다 수하물의 규정이 다르므로 미리 체크하고 준비한다. 또한 미국 국내선도 항공사마다 수하물의 크기와 무게의 규정이 다르므로 반드시 체크하고 준비한다.

17.3 공항 예절

- 공항에서 큰 소리로 떠들지 않는다.
- 국제선의 경우 출발 2시간 반~3시간 이전에 공항에 도착해야만 항공사 체

크인을 하기에 충분한 시간을 확보할 수 있다.

- 여권, 비자, 처방전 등을 쉽게 찾을 수 있도록 잘 보관한다.
- 기내 수하물 및 탁송 수하물에 자신만이 알아볼 수 있는 표식을 단다.
- 공항에서 줄서기 질서를 지킨다.
- 대기 좌석에 눕지 않는다.
- 통로에서 수하물을 풀지 않는다.
- 통행에 방해가 되도록 수하물을 놓지 않는다.
- 공항 안전요원의 지시를 잘 따른다.
- 비행기 안전점검으로 출발이 지연되더라도 항공사 직원에게 소리를 지르면서 항의하지 않는다.

○ 사진 출처: www.businesstraveller.asia

17.4 기내 예절

- 기내 온도는 23~25도이므로 얇은 소재의 긴 소매와 상·하의를 준비한다.
- 기내 습도는 15%로 건조하다. 따라서 보습제와 스프레이를 준비한다. 생수나 음료를 많이 마시는 것도 좋다.
- 기내 음식은 위에 부담을 덜 주기 위해서 가볍게 먹는다.
- 앉을 때는 항상 좌석 벨트를 착용한다. 비행기가 갑자기 난기류에 들어가면 다칠 수 있다.

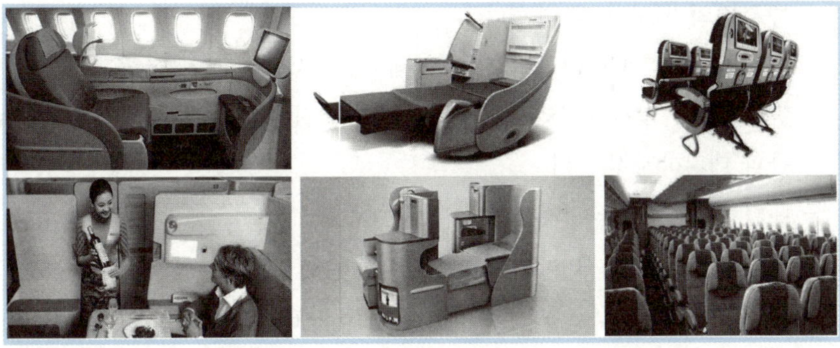

○ 대한항공과 아시아나항공 퍼스트클래스, 비즈니스클래스, 이코노미클래스
사진 출처: 대한항공과 아시아나항공 홈페이지

- 의자에 앉아 장시간 움직이지 않으면 다리 정맥의 혈액순환이 느려져 발이 붓게 된다. 일정한 시간 간격을 두고 가벼운 스트레칭을 하거나 기내 통로를 걷는다.
- 렌즈를 착용하는 사람은 안경으로 바꾸어 착용한다.
- 큰 소리로 대화하지 않는다.
- 빈 좌석이 있다고 마음대로 좌석을 바꾸고 눕지 않는다.
- 기내용 슬리퍼로 갈아 신었을 때, 발 냄새를 억제하기 위해서 발을 담요로 감싸고 승무원에게 기내용 향수 스프레이를 달라고 한다(대한항공과 아시아나항공).
- 기내 화장실 문을 노크하지 않는다. 한국에서는 화장실 문을 노크하지만 서양에서는 화장실 문을 노크하지 않는다(Occupied: 사용 중, Vacant: 비어 있음).
- 기내 화장실의 세면대 사용 후 다음 사람을 위해서 물기를 닦아 청결히 한다.
- 기내에서는 금연이다.
- 의자를 뒤로 젖힐 경우 뒷사람에게 불편이 없도록 주의한다.
- 식사할 때, 이·착륙할 때는 등받이를 세운다.
- 승무원을 부를 때는 호출 버튼을 누르거나 가벼운 손짓으로 부른다.
- 음주는 목을 축이고 기분이 좋을 정도만 마신다.

– 승무원의 지시에 잘 따른다.
– 목적지 도착 전에 입국신고서 및 세관신고서를 작성해 둔다.
– 항공기가 목적지에 도착 후 완전히 멈추기 전에 미리 짐을 챙기거나 통로로 나와 대기하지 않는다.
– 내릴 때는 질서를 지켜서 순서대로 내린다.
– 기내에 비치된 잡지나 담요는 가져가지 않는다.
– 기내에서 내릴 때, 운항 중에서 수고한 승무원들에게 감사의 인사를 한다.
– 기내에서는 수분 공급이 중요하고 토마토주스나 소다수 등의 가벼운 음료를 섭취하는 것이 좋다.

17.5 해외 현지 예절

– 신사는 어설픈 현지어를 구사하려고 하지 말고, 해외 식당·상점·경찰서 등에서 "Excuse me. Do you speak English?"라고 물어본다.
– 신사는 현지 언어 몇 가지는 꼭 암기하고 간다.

예 감사합니다.
미안합니다.
얼마인가요?
화장실은 어디인가요?

– 신사를 잘 알아듣지 못했을 때, 정중하게 재질문한다.

예 Would you mind saying that again, a little more slowly, please."라고 요청한다.

– 신사는 항상 유효 여권을 소지하고 다닌다.
– 신사는 시계를 현지 시간에 맞춘다.
– 신사는 쓰레기를 길거리에 버리지 않는다.
– 신사는 현지 종업원을 신사적으로 대한다.
– 신사는 현지 방문 경험이 여러 차례이더라도 밤거리를 배회하지 않는다.

- 먹어본 적이 없는 현지 음식을 접했을 때 물어본다.

  예 Gentleman: Would you mind telling me what it is?
- 해외에 갈 때는 현지 지도를 지참한다.
- 신사는 테러 공격, 폭탄 공격 등의 가능성에 대해서 언급하지 않는다. 이런 유머는 결코 즐거운 대화가 아니다.
- 관광지에서 사진촬영 금지 안내문을 보았다면, 사진기 또는 캠코더를 들고 다니지 않는다.
- 안경을 착용하는 사람은 여분의 안경을 챙기거나 안경 처방전을 지참한다.
- 박물관에서 다른 사람 앞에 서지 않는다.
- 신사는 해외에 나가기 전 날에 이발을 한다.
- 신사는 환전을 해서 현지 화폐를 휴대한다.
- 신사는 현지 음식이 맞지 않는다는 이유로 수하물에 자국 음식을 넣어가지 않는다.
- 신사는 해외 현지의 문화와 역사에 관한 책을 충분히 읽고 떠난다.
- 신사는 현지의 해안가에 가고자 할 때, 선크림을 바른다.
- 성당과 교회에 들어갈 때는 모자를 벗는다.
- 신사는 바티칸을 관광할 때 반바지를 입지 않는다.
- 신사는 현지 궁전, 대사관을 방문할 때 양복을 착용한다.
- 신사에게 음식 알레르기가 있을 경우, 현지 음식의 주문에 주의를 기울인다.

Chapter

18 국제매너

International Manners & Image Making

매너의 범위가 국가 단위로 확대될 때 국제매너가 된다. 따라서 국제매너를 안다면, 국제교류와 관련해서 만나는 외국인이 볼 때 그야말로 명품 국민이 될 수 있다. 그리고 소속된 기관과 회사 그리고 더 나아가 국가의 경쟁력을 높일 수 있다.

명품 국민은 외모(얼굴과 체격)로 파악되는 것이 아니라 외모에 담겨진 지식과 매너로 표현된다.

국제매너와 글로벌 에티켓은 국가, 정부, 단체, 기업이 관련된 공식 및 비공식 국제행사 또는 국제교류에서 요구되는 국제 예의와 규범을 말한다.

18.1 외국문화와 한국 전통문화와의 조화

외국문화를 이해하면 전통문화와의 조화도 가능하다. 공식 사교행사에는 와인을 대접하는 것이 국제매너에서 일반적으로 적용되고 있다. 그리고 한국에는 막걸리라는 전통주가 있다. 공식 사교행사에서 막걸리를 대접해도 될까?

청와대에서 주한외교관을 초청해서 막걸리에 각종 술을 섞어 녹색 빛을 낸 막걸리 칵테일을 대접했고, 한일 정상회담에서도 막걸리를 만찬주와 건배주로 선정했다. 막걸리는 의전주로서 전혀 손색이 없었다.

18.2 국제소통 수단으로서의 영어

세계 무대에서 활동하는 사람에게 영어는 필수적이다. 영어는 국제 협상에서 매개 언어로 자주 등장할 뿐만 아니라, 국제적 의사소통 수단이고, 정보 교류 수단이며 외국 문화를 이해하는 수단이 된다.

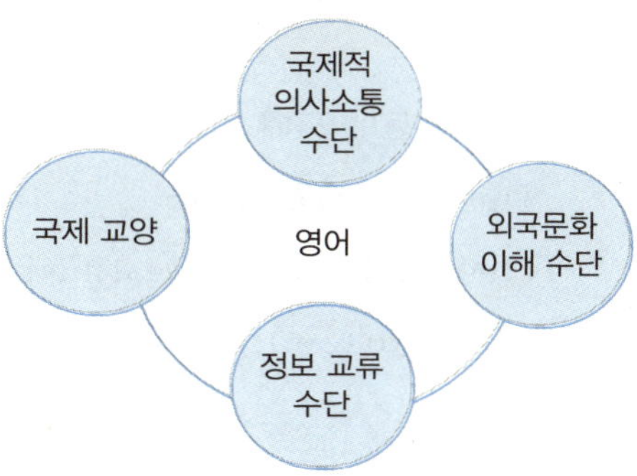

• 영어는 어떻게 구사해야 할까?

반기문 UN 사무총장의 연설과 인터뷰를 들어보면 한국 악센트가 그대로 들어있지만 아주 멋진 영어 문장을 구사하는 모습을 볼 수 있었다. 외국인과의 커뮤니케이션에서 혀를 본토인에 가깝게 굴리지 않더라도 단어별 Accent와 문장 전체의 Intonation은 정확해야 의미가 제대로 전달될 수 있다.

• 국제매너 필수 영어 표현

국제무대에서 제대로 활동하려면 "Please", "Thank you", "No. Thank you". "Excuse me"란 표현이 자연스럽게 나올 수 있어야 한다.

예 상대방의 말을 잘 듣지 못했을 때

What? (×) 〈 Excuse me? (○)

Huh? (×) 〈 Excuse me? (○)

예 웨이터에게 물을 요청할 때

May I have some more water, please? (○)

예 양 손에 물건을 들고 문을 잡으려고 할 때

Hey, Somebody get the door. (×)

Would you hold the door open for me, please. (○)

예 칭찬을 들었을 때

This is a great shirt.

I hate it. I am only wearing it because my wife bought it for me. (×)

Thank you. (○)

I like your haircut.

My wife made me get it cut. I hate it this short. (×)

Thank you. (○)

"Yes, sir", "No, Sir", "Yes, Ma'am", "No, Ma'am"도 예의바른 사람에게 필요한 표현이다.

Chapter

19 의전

International Manners & Image Making

개인 간 예절이 에티켓, 국가 간 예절은 의전(Protocol)이라고 한다. 즉, 국가 단위 공식 행사에서의 국제매너와 글로벌 에티켓을 특별히 '의전'이라고 표현한다.

의전은 국가단위 공식 행사의 질서와 규율 유지, 행사의 원만한 진행, 주빈의 권위 유지, 참석자의 편의 제공을 위해서 꼭 필요하다.

의전에서는 품위 있는 언어와 행동이 기본이다. 상호 존경과 배려를 바탕으로 당당한 겸손이 요구된다.

- 의전 업무에는 어떤 특수성이 있을까?
  - 관례와 경험 중시
  - 종합적 판단력
  - 순발력을 발휘한 임기응변식 대응력
  - 타국 문화 요소의 이해와 존중
  - 안전성 고려

- 공식행사 의전에는 몇 가지 원칙이 있다.
  - 현지 관습 존중의 원칙
  - 답례의 원칙

– 서열 존중의 원칙
– 여성우대의 원칙
– 우측(오른쪽) 상위의 원칙
  ▶ 상석의 개념: 존경 받을 사람은 항상 우측에 선다.
  ▶ Left stand lady is not a lady.
  ▶ 연장자는 우측에 선다.
  ▶ 여성은 도보 시 우측에 혹은 도로 안쪽을 걷는다.
  ▶ 초청국가의 국기도 우측에 게양한다.

○ 텍사스 달라스를 방문한 존 F 케네디 대통령

- 의전의 4가지 기본 원칙
  – 서열주의(Rank conscious)
  – 상호예의(Reciprocate)
  – 숙녀는 오른쪽(Lady on right)
  – 현지습관 존중(Local custom respected)

- 비엔나 협정
  – 여러 나라 국기를 동시에 게양할 때 주최국은 중앙, 다음은 영문 알파벳 순
  – 대사들 간의 서열은 해당 주제국들의 신임장 증정 순서

- 의전에 밝은 사람의 특징
  – 계획단계부터 발생 가능한 모든 사태를 면밀히 검토해 행사 계획에 반영한다.
  – 주요인사의 행동 예측을 준비한다.

미국 오바마 대통령은 레제프 타이이프 에르도안 터키 총리와 공동 기자회견을 하던 도중에 비가 내리자 해병대원에게 우산을 받쳐 들게 했다. 미국 해병대 규정에는 '남성 해병대원은 제복을 입었을 때 우산을 사용할 수 없다'는 조항이 있어 논란이 일어났다. 오바마가 규정을 어기도록 지시한 셈이기 때문이다. 해병대측은 "백악관에서 대통령 지시에 따라 우산을 든 것은 '정상 참작이 가능한 환경'에서의 행위이며, 해병대 규정 10조에 '해병대원은 대통령이 지시하는 임무를 수행해야 한다.'는 조항도 있다"라고 설명했다.

폴란드 바르샤바에서 열린 바이마르 3국 정상회담에서 폴란드 대통령은 비가 내리자 프랑스 대통령을 내버려 둔 채 독일 총리와 자신만을 우산으로 가리도록 하는 외교적 결례를 했다.

19.1 의전 호칭

직책	공식적으로 소개할 경우	평소 대화할 경우
대통령	His Excellency (　　　) President of the United States (미국)	Excellency / Mr. President (이름을 부르지 않음)
총리	His Excellency (　　　) Prime minister of Korea (한국) The Right Honorable (　　　) Prime Minister of Canada (캐나다)	Mr. Prime Minister / Excellency
장관	His Excellency (　　　) Minister of Foreign Affairs The Honorable (　　　) Secretary of State	Mr. Minister / Excellency / Mr. Secretary (미국)
차관급	The Honorable (　　　) Vice Minister of Foreign Affairs	Mr.
도지사	The Honorable (　　　) Governor of California	Governor
시장	The Honorable (　　　) Mayor of Irvine	Mayor / Mr.

국회의장	The Honorable (　　　) Speaker of the National Assembly (한국) The Honorable (　　　) Speaker of the House of Representative (미국)	Mr. Speaker
국회의원	The Honorable (　　　) Member of Parliament from Gangnam Gu, SeoulThe Honorable (　　　) United States Senator from California The Honorable (　　　) Representative from California	Senator / Mr.
대사, 공사, 참사관	His Excellency (　　　) Ambassador of the United States Mr. (　　) Minister(Counselor) of the Embassy of the United States	Mr. Ambassador / Your Excellency / Mr.
대학총장, 교수	Dr.(Mr.) (　　　) President(Chancellor) of (　　　) Uni-versity Dr.(Mr.) (　　　) of (　　　) University	Dr.(Mr.) / Professor (　　　)
신부, 목사	The Reverend (　　　) of (　　　) Church	Father / Father (　　　) / Pastor (　　　)

19.2 국기 게양 순서

구분	국기 게양
태극기와 외국기 게양 (홀수)	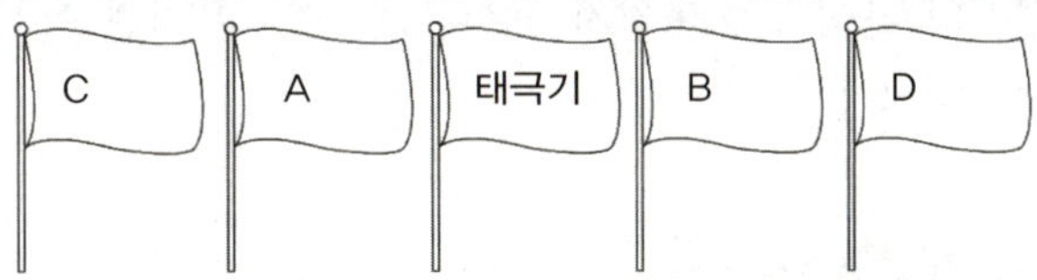
태극기와 외국기 게양 (짝수)	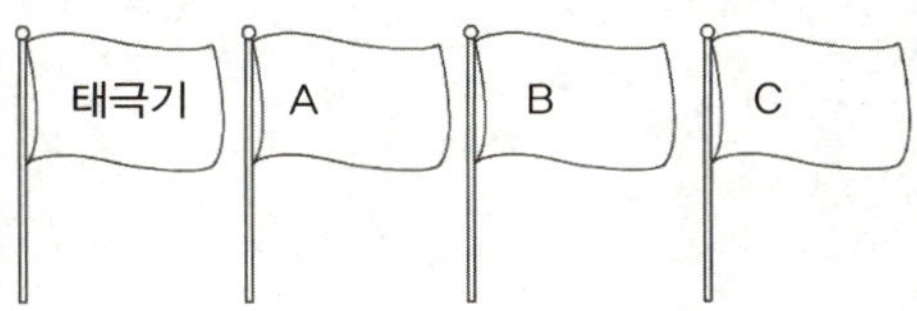

유엔기, 태극기, 외국기 게양 (홀수)

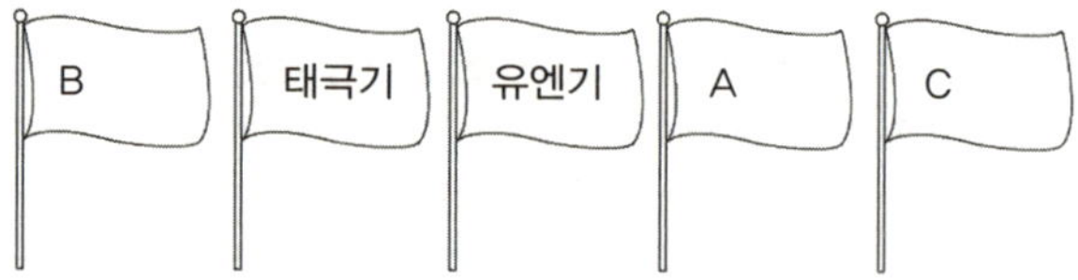

유엔기, 태극기, 외국기 게양 (짝수)

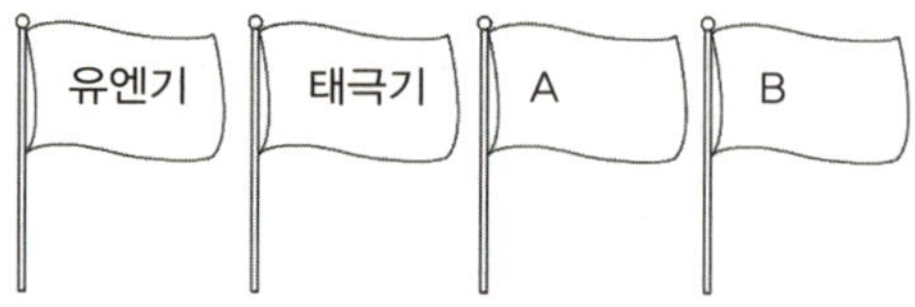

태극기와 외국기 게양 (교차)

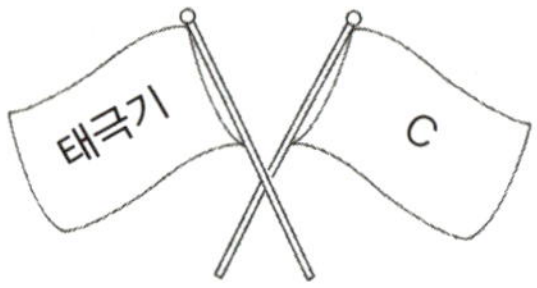

- 조별로 여러 개의 국기를 순서대로 나열하는 연습과 테이블에 2개의 국기를 교차해서 놓는 방법을 연습한다.

19.3 국기 예절

국기가 게양되면서 국가가 울려퍼질 때 국기에 대한 경례를 해야 한다. 국기에 대한 경례의 타이밍을 놓치거나 손을 반대로 올리면 안 된다. 오른손을 심장 위에 올려놓아야 한다.

국기에 관련해서 의전 실수가 가끔 있기도 하다. Burkhalter 스위스 대통령이 우크라이나 수상을 방문했을 때 스위스 국기 대신에 덴마크 국기가 게양되어 있었다. 스위스 대통령은 잘못을 유머스럽게 지적하고 회담을 계속 이어나갔다.

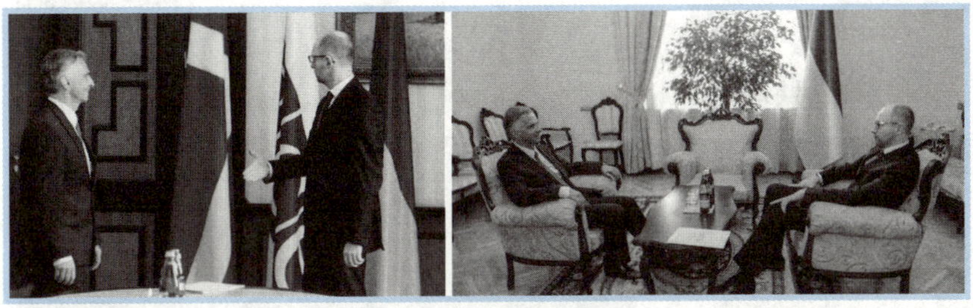

이온 일리에스쿠 루마니아 대통령의 방미기간 중 미국 국방부 청사(펜타곤)에서 도널드 럼즈펠드 국방장관 초청 오찬에 참석했을 당시 테이블 위에 루마니아 국기 대신에 러시아 국기로 게양되어 있었다.

태극기는 가끔 뒤집어서 잡는 경우가 있다. 베이징올림픽 여자 핸드볼 경기 예선전에서 이명박 대통령이 태극기를 거꾸로 들고 응원하던 모습이 있었으며 평창 동계올림픽 유치 성공 후 기념 사진에서 태극기를 뒤집어서 들기도 했다.

국기를 뒤집어서 게양했던 경우는 다른 나라에서도 가끔 일어나고 있다. 필리핀 아키노 대통령이 뉴욕에서 개최된 AEAN 정당회담 참석 당시에 필리핀 국기가 거꾸로 게양된 경우가 있었는데 필리핀 국기를 거꾸로 게양한 경우는 필리핀이 전쟁 중이라는 의미가 된다. 그리고 프랑스 사르코지 대통령은 리투아니아와 협력 체결식에서 국기를 거꾸로 게양하기도 했다.

국가적 행사에서 국기를 게양하기 전에 확인하고 또 확인할 필요가 있겠다.

낡고 더렵혀진 태극기는 어떻게 버려야 할까?

'국기의 게양 관리 및 선양에 대한 규정'에 의해 국기가 훼손된 때에는 즉시 소각 등 적절한 방법으로 폐기토록 명시되어 있다. 아파트 단지에서는 소각하기 어렵기 때문에 신문지 등으로 2~3중으로 싼 후에 버리고 만약 가까운 관공서에 태극기 수거함이 있다면, 그 수거함에 버린다.

19.4 서열 기준

- 국제행사: 법령에 의거(헌법, 정부조직법, 국회법, 법원 조직법 등의 서열)
- 중앙정부: 대통령 → 국회의장 → 대법원장 → 헌법재판소장 → 국무총리 → 국회부의장 → 감사원장 → 장관, 국회 상임위원장, 대법관, 국회의원, 검찰총장, 3군 총장, 차관
- 지방자치단체: 정해진 규정이 없다.
- 서울특별시장: 장관급 대우
- 관역지자체장: 차관급 대우 또는 장관과 차관의 중간급으로 대우
- 지방의회 의장: 지자체장과 동일하게 대우
- 광역 교육감: 차관급 대우
- 우측 상석 원칙: 테이블 형태 결정: 원형 사각형 등 테이블 형태에 따라서 상석의 위치가 달라진다.
- 서열 존중: 회의할 경우, 국가별 순위는 주로 알파벳 순서와 주최국 우선으로 한다.
  연회 등 부수행사에서는 참석자 지위 순위로 한다.

19.5 좌석 배치

- **테이블 최상석 결정 기본**
  - 여성 우대
  - 서열이 동일할 경우, 외국인 우대
  - 다수 테이블 사용할 경우, 테이블마다 직업별로 골고루 배치
  - Free Seating: 대규모 연회에서 또는 서열을 구분하기 애매모호한 경우, 헤드 테이블만 지정하고 다른 테이블은 자유 착석으로 배치

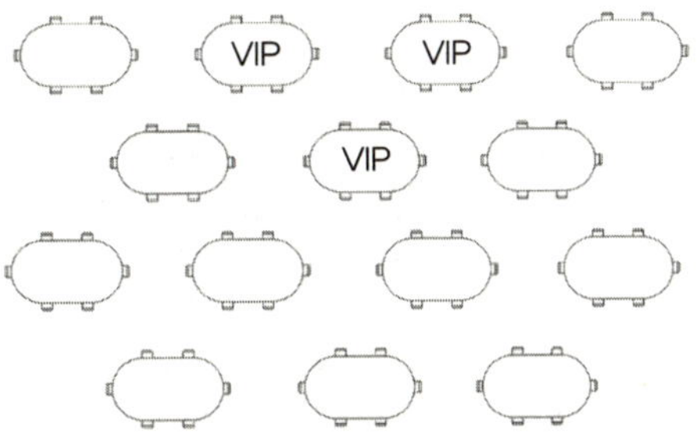

- 연회 좌석 배치

① 6명이 앉을 경우

② 10명이 앉을 경우

③ 사각 테이블의 경우(주최측 부부가 테이블 끝에 착석하는 경우: 미국)

참고: 색상이 칠해진 자리가 여성

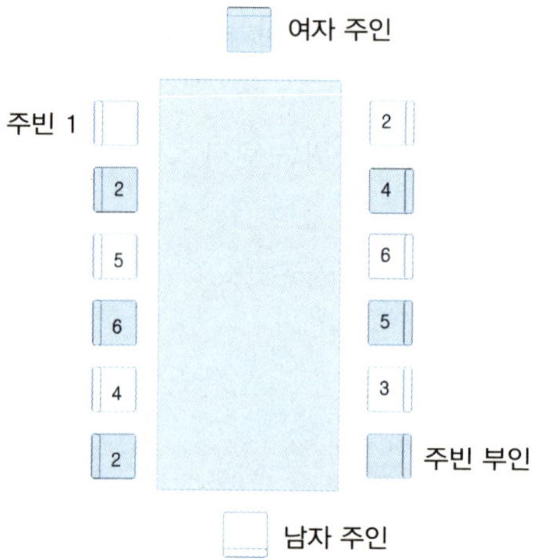

④ 주최측 부부가 테이블 중앙에 매주 보고 착석하는 경우(유럽)

참고: 색상이 칠해진 자리가 여성

⑤ 원형 테이블

참고: 색상이 칠해진 자리가 여성

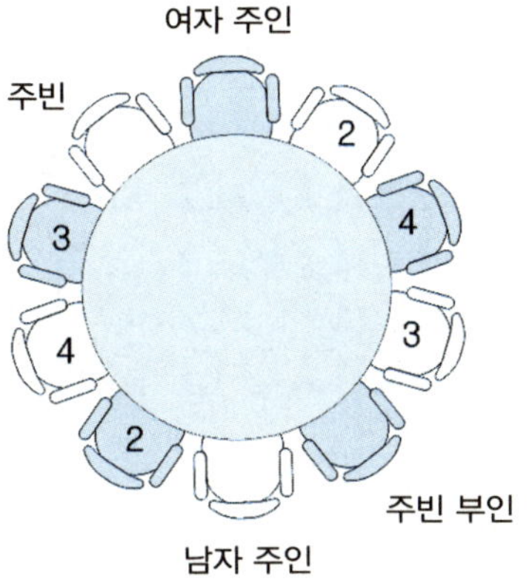

⑥ 일식 좌석 배치

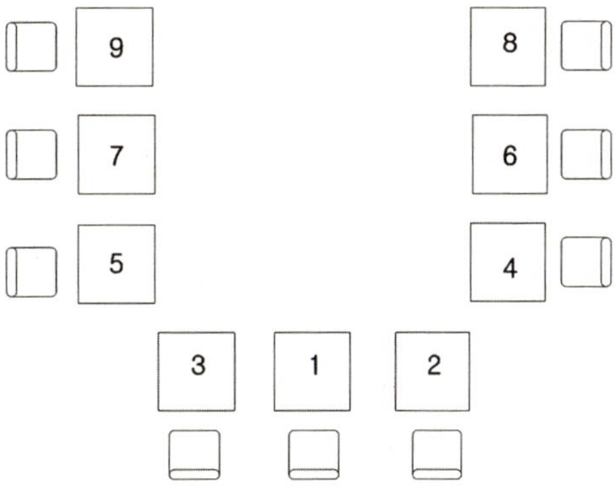

⑦ 중식 좌석 배치

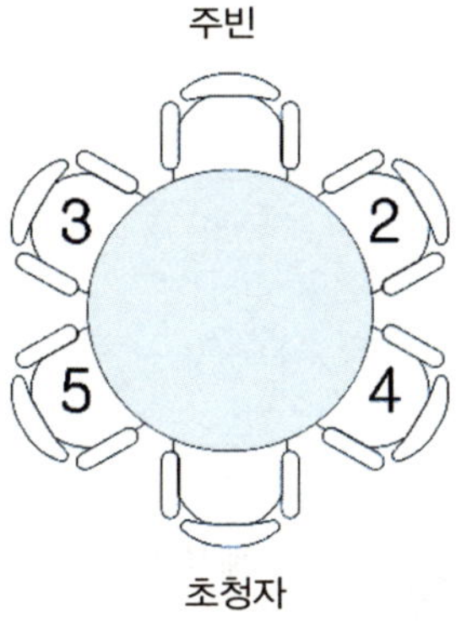

⑧ 여러 개의 원탁 테이블

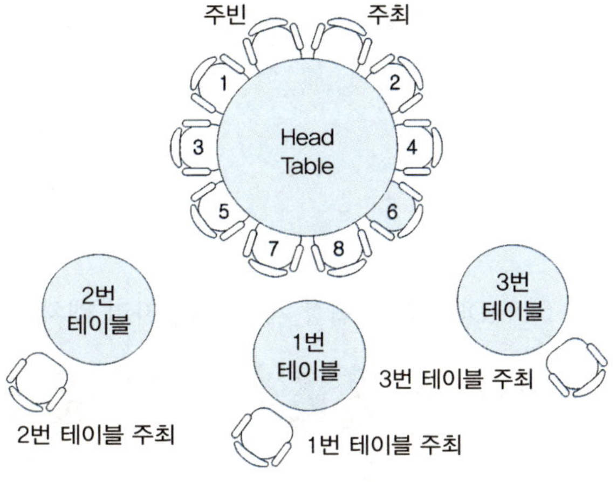

- 회의장 배치

⑪ 일반형

Hollow Square

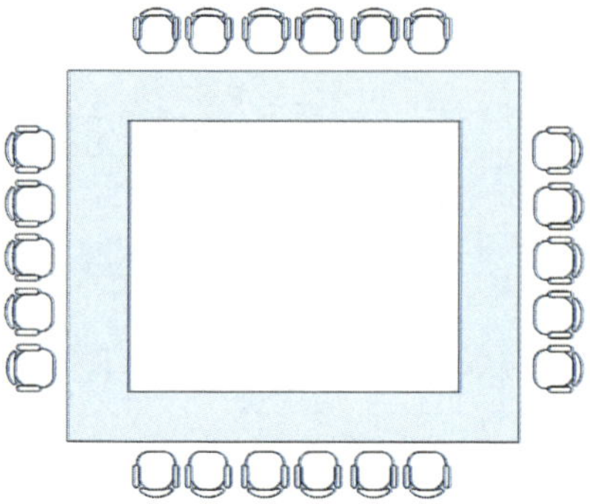

⑫ 반원형

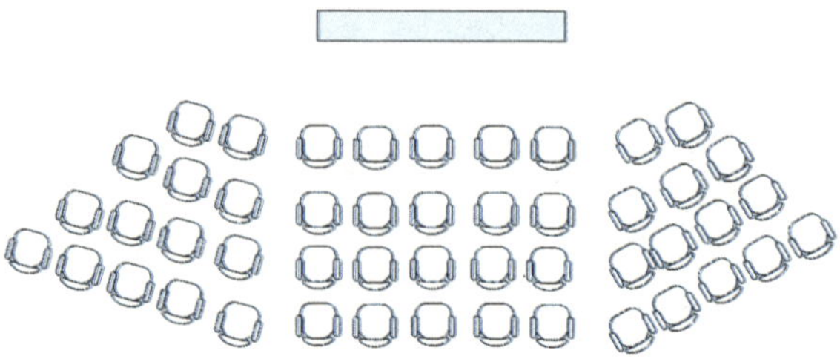

⑬ T자형

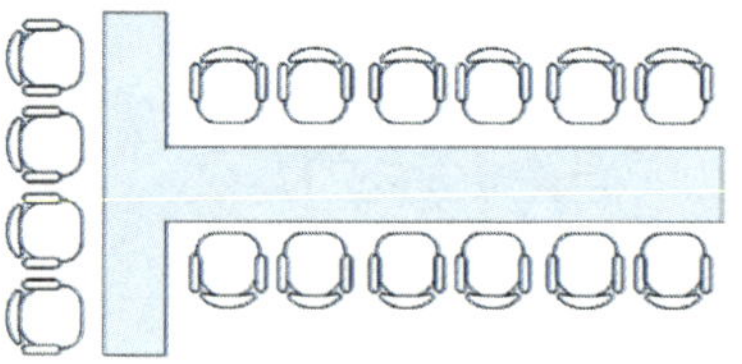

⑭ 공항 귀빈실 이용할 경우 배치도

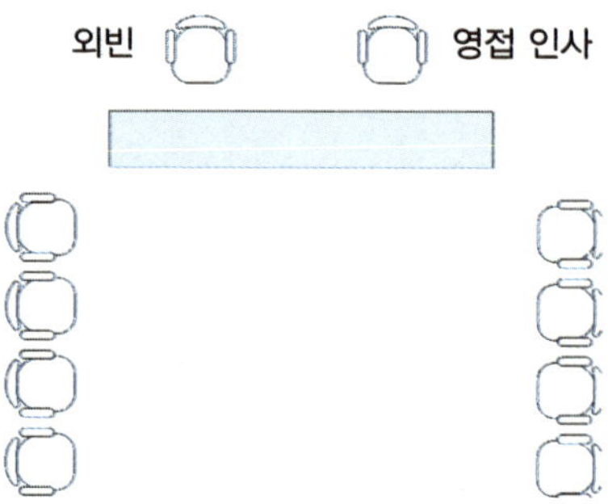

⑮ MOU, 조약, 협정 체결할 때 자리 배치

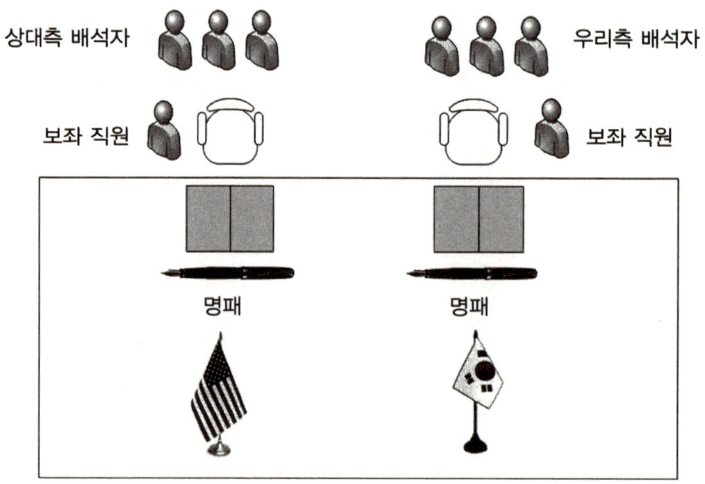

Chapter

20 공항 영접 예절

International Manners & Image Making

20.1 직급별 영접

상대방 국가	한국
국가원수, 총리	외교부장관
외무부장관	해당 지역 국장
도지사	부시장, 부도지사, 국장

20.2 공항 영접 준비

① 공항 영접을 위한 준비물

- 준비물: 플래카드[placard], 명찰[사진, 단체명], 명함, CIQ출입허가증[CIQ 안에 들어가서 통관절차를 대행해주거나 편의를 제공할 때만 지방항공관리국에서 발급받고, CIQ 밖에서 영접할 때는 불필요], Banner
- 도착 공항청사, 여객편, 도착 예정시간 확인

② 주요 항공사별 약자 [Two Letter Code]

비행기 도착을 알리는 게시판에서는 항공사의 명칭을 알파벳 두 글자(Two letter code)로 표기하는 방법을 사용한다.

약자	항공사명	약자	항공사명
AA	American Airlines	AC	Air Canada
AF	Air France	AI	Air India
AN	Ansett Airlines of Australia	AY	Finnair
AZ	Alitalia	BA	British Airways
CI	China Airlines	CO	Continental Airlines
CX	Cathay Pacific Airways	DA	Delta Airlines
GA	Garuda Indonesian Airways	JL	Japan Airlines
KE	Korean Air	KL	KLM Royal Dutch Airlines
LH	Lufthansa German Airlines	MH	Malaysian Airline System
NH	All Nippon Airways	NW	Northwest Orient Airlines
OZ	Asiana Airlines	PR	Philippine Airlines
QF	Quantas Airways	SK	Scandinavian Airlines
SQ	Singapore Airlines	SR	Swiss Air
SV	Saudi Arabian Airlines	TG	Thai Airways International
UA	United Airlines		

- 공항의 미팅 서비스를 위해 직원의 특징을 알리는 서한

Dear Mr. Kennedy,

With regard to your forthcoming visit, our Mr. A will be meeting you at Incheon(Gimpo) Airport on the 21st of June to assist you.

Your schedule indicates you will be flying on Asiana Airlines 007 scheduled to arrive at 6:20 p.m. Seoul. To insure quick identification, Mr. A will be carrying a small American flag.

We look forward to seeing you soon.

Please be sure to inform us by E-mail should you schedule change in the interim[1].

Yours sincerely,

1. in the interim : 그 사이에

③ 공항에서 영접용으로 만드는 Paging board와 Placard 작성 시 주의사항

- 직책을 표기한다.

  Mr., Mrs., Prof. 등

- 이름, 성의 순서로 적는다.

  [First name을 먼저 적고 Last name을 다음에 적는다.]

  [Last name / First name]

- 국적을 표기하는 방법이 있고, 생략하는 방법이 있다.

- 용지의 크기는 A3, B4

- 용지의 색깔은 흰색으로 하고, 검정펜으로 글자를 적는다. [중국인을 환영하는 의미에서 빨간 종이에 흰색 correction liquid로 글자를 적는 방법도 있다.]

EDWARD BROWN

EDWARD BROWN
U.S.A

Edward Brown
America

- 국가명 표기

  – 국가명 표기 시 특히 주의해야 할 국가

국가명	정식 명칭	비 고
미국	The United States of America	U.S.A / America
필리핀	The Philippines	
네덜란드	The Netherlands / Holland	
스위스	Switzerland	Swiss
독일	Germany	
영국	The Great Britain	
중국	the People' s Republic of China	China
대만	the Republic of China	Taiwan

- 성명 표기

일본인와 중국인의 경우는 일본어와 한자로 표기하거나 영문으로 소리나는대로 표기하는 방법이 있다. 가능하면 일본어 성명과 중국인 성명은 한자로 표기하는 것이 바람직하다.

– 중국인[홍콩인]: 중국어

– 아랍인: 아랍어

– 러시아인: 러시아어

– 인도네시아인: 인도네시아어

– 말레이시아인: 말레이시아어

* 행사진행요원 중 해당 외국어를 구사할 수 있는 사람이 없는 경우 해당 외국어로 표기가 곤란하므로 세계 공용어인 영어로만 표기한다.

[그림] 일본어로만 표기하는 방법

新井 美和子

[그림] 영어로 표기하고, 밑에 국적을 적는 방법

ARAI MIWAKO JAPAN

* 이름은 크게 적고, 국적은 작게 표기

[그림] 일본어를 크게 쓰고 영어를 작게 표기하는 방법

新井 美和子 ARAI MIWAKO

* 일본어로 표기한 이름은 크게 쓰고, 일본어의 발음을 영어로 표기한 것은 작게 적는다.

- 세관통과 시의 시간 차이

국가별 참가자들은 비록 같은 비행기편을 이용하더라도 대표단은 First Class 또는 Business Class를 이용하고, 일반 참석자는 Economy Class를 이용한다. First Class 또는 Business Class와 Economy Class 이용자는 비행기에서 내리는 순서가 서로 다르기 때문에 비록 같은 비행기를 이용해서 도착했다고 하더라도 세관통과 시간에는 서로 차이가 발생하게 된다.

- CIQ 내에 들어가서 영접

Case 1

Staff : Are you a participant to ABC Meeting?

Delegate : Yes, I am.

Staff : May I have your name, please.

Delegate : Maria Smith.

Staff : Maria Smith. Your hotel is Emerald.
Where is your luggage?

Delegate : Here they are.
Two more bags are still on the conveyor belt, my husband will get them.

Staff : I will attach this green sticker(tag) on your luggage.
Green sticker(tag) is for participants who are staying in Emerald Hotel.

Case 2

Staff: Good morning. You must be a participant to ABC Meeting.

Delegate: Yes, I am.

Staff: I am a staff from Korea ABC Association.
Are these all the suitcases you have?

Delegate: I've got three so far. That makes two more to pick up.
Here comes the two suitcases.

Staff: Let's have the final check.
I counted six.

Delegate : Checked.

Staff : Shall we go?

Delegate : Okay. Let's move.

- 공항 귀빈실 이용

공항의 귀빈실은 누가 이용할 수 있을까?
귀빈실을 이용하려면 어떤 절차가 필요할까?

【공항에서의 귀빈예우에 관한 규칙】

제1조(목적) 이 규칙은 항공법 제2조 제7호에 따른 공항의 귀빈실의 운영, 귀빈의 출입국절차의 대행 및 그 대행자의 출입국검사장 출입에 필요한 사항을 정함을 목적으로 한다.

제2조(적용범위) 항공법 제2조 제7호에 따른 공항의 귀빈실 운영, 출입국절차 대행 및 그 대행자의 출입국검사장 출입에 관하여는 다른 법령에 특별히 정한 경우를 제외하고는 이 규칙에서 정하는 바에 따른다.

제3조(정의) 이 규칙에서 사용하는 용어의 뜻은 다음과 같다.

1. "귀빈실"이란 이 규칙에서 정하는 귀빈이 출입국할 때에 그 귀빈을 예우하기 위하여 공항청사에 특별히 설치한 장소를 말한다.

2. “출입국절차의 대행”이란 출입국하는 귀빈을 대리하여 출입국절차를 이행하는 것을 말한다.
3. “출입국절차 대행자”란 공항의 의전요원 또는 귀빈의 위임을 받아 출입국절차를 대행하는 사람을 말한다.
4. “출입국검사장”이란 국제선항공기가 입항·출항하는 공항에 법령으로 정하는 바에 따라 출입국관리, 통관 및 검역 등의 업무를 하기 위하여 특별히 설정된 출입국심사장, 보세구역 및 검역구역 등을 말한다.

제4조(귀빈실의 사용대상자) ① 귀빈실을 사용할 수 있는 사람은 다음과 같다.
1. 대통령 및 전직 대통령
2. 국회의장, 대법원장, 헌법재판소장, 국무총리, 중앙선거관리위원회 위원장, 전직 국회의장, 전직 대법원장, 전직 헌법재판소장, 전직 국무총리 및 전직 중앙선거관리위원회 위원장
3. 국회에 원내교섭단체가 있는 정당의 대표
4. 다음 각 목의 어느 하나에 해당하는 사람으로서 외교부장관이 추천하는 사람
   가. 주한 외교공관의 장
   나. 국제기구의 대표
   다. 제1호부터 제3호까지의 규정에 준하는 외국인

② 제1항에 따른 귀빈실 사용대상자의 배우자 및 그 자녀는 귀빈과 함께 귀빈실을 사용할 수 있다.

제5조(귀빈실의 사용 절차) ① 귀빈실을 사용하려는 사람(외국인의 경우에는 초청자 또는 출입국절차 대행자를 말한다.)은 귀빈실 사용 예정 24시간 전에 인천국제공항의 경우에는 인천국제공항공사법 제2조에 따른 인천국제공항공사의 사장에게, 그 외의 공항의 경우에는 「한국공항공사법」 제2조에 따른 한국공항공사의 사장에게 사용신청을 하여야 한다.

② 제1항에 따라 귀빈실의 사용신청을 받은 인천국제공항공사 사장 또는 한국공항공사 사장은 귀빈실을 배정하고 그 사실을 신청인과 세관장 등 출입국검사업무를 담당하는 기관의 장에게 통보하여야 한다.

제7조(출입국절차의 대행) 귀빈실 사용자는 출입국절차의 이행을 출입국절차 대행자로 하여금 대리하게 할 수 있다.

제8조(귀빈의 출입국) 귀빈실 사용자는 출입국검사장을 통하지 아니하고 출입국할 수 있다.

제9조(출입국검사장의 출입 금지) ① 출입국검사장에는 귀빈실 사용자 본인과 출입국절차 대행자 외에는 출입할 수 없다. 다만, 출입국검사장에서 의전행사가 있을 때에는 그러하지 아니하다.
② 지방항공청장은 출입국절차 대행자에게 출입국심사장 및 보세구역을 출입할 수 있도록 임시출입증을 발급한다. 이 경우 출입국관리사무소장 및 세관장과 미리 협의하여야 한다.

제9조의 2(귀빈실에서의 기자회견) ① 각 부처의 장(이에 준하는 기관의 장을 포함한다)은 출입국 시 귀빈실에서 기자회견을 하려면 인천국제공항공사 사장 또는 한국공항공사 사장에게 신청할 수 있다.
② 인천국제공항공사 사장 또는 한국공항공사 사장은 제1항에 따라 귀빈실에서의 기자회견을 승인하였을 때에는 그 사실을 신청인에게 통보하여야 한다.

Case

Staff: Good morning[2], sir.
Did you have a good journey?

Delegate : Yes, thank you.

Staff : Welcome to Seoul, sir.
We are going to give you a ride to the hotel you are supposed to stay at.

Delegate : Thank you.

Staff : Don't mention it.

---

2. 시간대별 인사말로 가장 평이하고 어떤 경우에도 무난히 사용할 수 있는 표현
A : Good morning.
B : Good morning.
[Good morning. / Good afternoon. / Good evening.]

20.3 이동

공항로비에서 주차장으로 이동하는 동안에는 어떤 대화가 좋을까? 이동 시 가벼운 마음으로 선택할 수 있는 대화 내용은 주로 날씨, 여정, 가족관련 사항 등이다.

① 날씨

What is the weather in U.S.A like at this time of the year?

How do you like the weather in Korea?

② 여정

Did you enjoy the flight from U.S.A to Seoul?

How was the trip?

How was the inflight service of ABC airlines?

③ 가족 [동반자]

How old is your son?[3]

④ 일정

동반자 행사에 대한 소개 또는 방문 장소를 소개한다.

You are scheduled to visit Kyungju. It is a kind of open air museum.

⑤ 취미

예를 들어서 참가자의 수하물에 골프클럽이 있는 경우

Do you enjoy playing golf, sir?

3. 우리나라에서는 어린아이가 귀여우면 머리를 쓰다듬으면서 칭찬도 해주지만, 외국에서는 어린아이의 머리를 만지지 않는다.

Well, there are many outstanding golf courses near[4] Seoul. It takes only 40 minutes from Seoul by car.

4. We want to find a house nearer the station. : 역에 더 가까운 집을 찾기 원한다.
a nearby village : 바로 이웃 마을

Chapter 21

호텔 이용 예절

호텔(Hotel)의 어원은 라틴어의 Hospitale에서 비롯되었고, 병원(Hospital)과 호스텔(Hostel) 등과 그 어원이 같다.

과거 숙박시설은 병의 치료와 요양을 목적으로 하는 개념으로 인식되어 병원과 호텔은 같은 개념으로 인식되었고, 이후 병원은 병의 치료를 목적으로, 호텔은 집을 떠나 여행자나 비즈니스맨을 위한 잠을 잘 수 있는 장소와 음식을 제공하는 시설로 분류되었다. 현대호텔은 객실과 음식뿐만 아니라 문화·쇼핑·건강·오락활동과 관련된 시설과 서비스를 제공하고 있다.

- Out of Order: 시설 고장 등으로 판매가 불가능한 객실
- Overbooking: 객실 보유 수 이상 예약 접수
- Over Charge: 체크아웃 시간을 초과한 경우 추가된 요금
- Over Stay: 체류 기간을 연장하는 고객
- Paging: 메시지를 전달하기 위해서 고객을 찾음
- Turn Away Service: 예약한 손님에게 객실을 제공하지 못하여 다른 호텔로 안내하는 서비스
- Sleeper: 손님이 이미 체크아웃했지만 등록카드를 제대로 정리하지 못하였거나 제대로 파악하지 못해서 객실 판매를 하지 못한 경우

- Skipper: 정당한 체크아웃 절차를 거치지 않고 퇴실하는 고객
- Walk in Guest: 예약하지 않고 투숙하는 고객
- Amenity: 격조 있는 서비스를 위해서 객실에 무료로 준비해 놓은 각종 소모품 및 서비스 용품
- Blocked Room: 단체 및 국제회의 참석자 등을 위해서 사전에 객실을 지정해 놓음
- Complimentary Room: 무료로 제공되는 객실
- Connecting Room: 두 개의 객실이 열쇠 없이 드나들 수 있도록 연결된 객실
- Valet Parking Service: 주차 서비스
- Deposit: 보증금
- No Show: 예약한 고객이 아무런 연락없이 나타나지 않는 경우

① 예약

객실부문을 이용할 때 가장 선행되어야 할 사항이 예약이다. 사전예약이 기본이고, 또한 예약만으로 안심할 사항이 아니며, 투숙 2~3일 전에 반드시 재확인(Reconfirm)하는 것이 중요하다.

선진외국은 1년 후의 휴가나 여행 및 관광계획까지도 세워 차질 없는 예약문화가 정착되어 있다. 예약을 했으면 이행토록 해야 할 것이며, 부득이 취소할 경우가 발생했을 때에는 지체 없이 호텔측에 예약취소 통보를 하는 것이 취소 수수료(Cancellation Change)를 지불해야 하는 불이익 이전에 기본 매너이다.

예약 시에는 성명 및 성별, 도착일시와 출발예정일시, 연락처, 지불방법 등에 대해 정확히 알려준다.

② Check-in

호텔에 도착하면 먼저 프런트에 가서 등록카드를 작성한다. 가족동반을 제외하고는 한 사람씩 각자 작성하는 것이 원칙인데, 주소나 연락처를 자세하게 적는 것이 중요하다. 이는 체크아웃 이후에 배달되는 서류나 우편물을 회송하는데 긴요하기 때문이다.

성명 기입 시에는 반드시 Mr.나 Mrs. 및 Miss 등을 붙여야 한다. 등록카드 작성이 끝나면 객실을 배정받고 벨맨의 안내에 따라 움직이면 되는데, 이때 개

인의 짐은 벨맨에게 건네도록 한다.

고급호텔에서는 바쁜 비즈니스고객이나 단골고객인 경우, 익스프레스 체크인(Express check-in)이라 하여 예약 시 호텔측에서 미리 등록카드를 작성해 고객이 도착하면 프런트를 거치지 않고 바로 객실로 안내하는 시스템도 운영하고 있다. 보통 체크인은 오전 11시에서 정오 사이에 한다. 호텔 체크아웃 시간은 12시까지이다.

③ 객실 종류

- Single Room: 1인용 방
- Double Room: 2인용 방, Twin Bed나 Double Bed가 있다.
- Suite Room: 응접실이 딸린 방
- Single Room에 비해 Double Room은 요금이 같거나 10~20% 정도 비싸다.
- Connected Room: 객실 가운데 문이 있어서 두 개의 객실이 서로 연결된 방
- Adjoining Room: 벽을 가운데 두고 서로 붙어 있는 객실

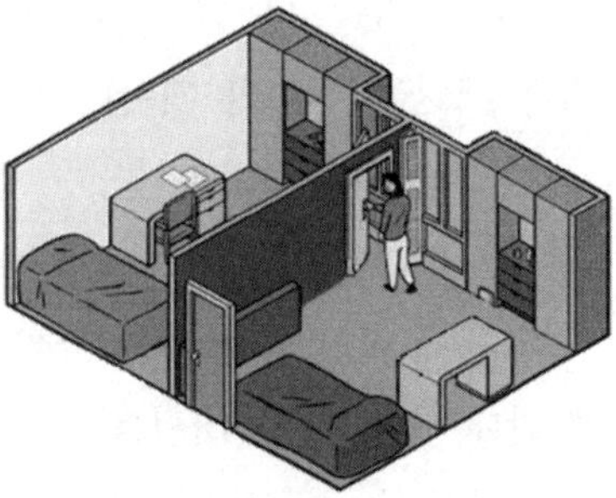

④ 침대(Bed)의 종류

- Single Bed: 1인용 침대
- Twin Bed: 침대 2개가 있어서 2인 사용
- Double Bed: 큰 침대 1개가 있으며 2인 사용

침대의 크기에 따라 Full Size, Queen Size, King Size로 나눈다. King Size는 침대 폭이 길이보다 크다.

⑤ 열쇠의 올바른 사용과 보관

체크인 후 받게 되는 열쇠는 최근 카드키(Card Key)가 일반적이다. 대부분의

호텔객실에 들어서면 키는 일정장소에 꽂아 두어야 객실의 전원이 연결되어지며, 외출 시에 키를 뽑게 되면 전체 객실의 전원이 차단되게 된다. 외출 시에 키는 가급적이면 프런트에 맡기는 것이 분실에 따른 객실도난위험을 방지할 수 있으나 카드키는 지갑 또는 백 속에 깊숙히 보관한다.

⑥ TV 및 전화의 이용

객실 텔레비전에는 일반 채널과 호텔 자체에서 개설해 놓은 자체 채널의 두 가지가 있다. 일반 채널은 그 나라의 텔레비전 방송국에서 송출하는 일반적인 프로그램 채널을 말하며, 자체 채널이란 호텔에 따라 조금씩 다르겠지만, 대개 호텔 내에 개설해 놓은 폐쇄회로이거나 혹은 유료 TV 시스템으로 되어 있는 채널로서 홍보용 호텔전용 채널을 비롯해 영화방영 채널, 스포츠 채널, 혹은 비즈니스고객을 위한 24시간 CNN뉴스 채널 등으로 다양하게 구성되어 있다.

영화 채널을 선택할 때마다 요금이 부과되는 곳이 대부분이다. 유료 TV(Pay TV)는 Preview(예고편)를 볼 수 있는데, Adult Movie는 3번 이상 Preview를 선택하면 요금이 자동으로 Charge되니 주의해야 한다. 요금은 호텔 체크아웃 시 지불해야 하므로 이러한 자체 채널의 시청은 객실 내에 비치되어 있는 프로그램 안내서나 이용안내서를 참고하여 시청하면 된다.

호텔 내에서 사용하는 전화는 자동으로 계산되어 체크아웃 시 지불하도록 되어 있다. 고객의 편의를 위해 최근에는 객실에서 교환을 거치지 않고 국제전화까지도 직접 걸 수 있도록 되어 있지만 전화카드를 구입해 호텔 내 전화 부스에

서 전화를 하는 것이 더 저렴하다.

냉장고에는 알코올류를 비롯해 음료류와 초콜릿 및 간단한 안주류까지 가득 채워져 있는데, 먹은 음식 및 사용물품에 대해 매일 아침 종업원이 와서 체크해 가는 유료 서비스이다. 종종 생수 정도는 '무료' 표시(Complimentary)가 되어 있는 곳도 있다.

계산은 체크아웃 시 객실료와 함께 지불하면 되지만, 이들 음식은 시중가격보다 2~3배 이상 비싸다는 점을 염두에 두어야 한다.

객실의 냉장고 위에는 미니 바(Mini bar)가 갖춰져 있다. 미니바란 음료나 주류를 비롯해 안주나 가벼운 스낵류를 객실에서 간단히 즐길 수 있도록 해 놓은 것으로 미니바를 이용한 후에는 비치되어 있는 계산서(Bill)에 직접 표시하여 체크아웃 시에 프런트 데스크에 제출하여 정산하면 된다.

대부분 호텔의 테이블이나 탁자에 비치되어 있는 커피, 홍차는 무료이므로 마음대로 끓여 먹으면 된다. 커피 포트는 호텔 직원이 깨끗이 청소를 했다고 하더라도 한두 차례 물을 끓여서 버린 후에 사용한다.

⑦ 객실 내 비품의 사용

호텔비품은 유료로 판매되는 것도 있음에 유의해야 한다. 대부분의 호텔에는 치약과 칫솔이 구비되어 있지 않다. 최고급 호텔에서 왜 이런 비품이 없느냐고 물을지 모르겠지만, 호텔에 비치된 이런 물건들은 대부분 유료인 만큼 안내서를 잘 읽고 사용하도록 해야 한다.

⑧ 욕실의 이용

미국과 유럽 호텔 내의 욕실은 우리나라와 다른 것이 하나 있다. 고급 호텔에 가보면 욕실 바닥이 카펫으로 되어 있고 배수구가 없다. 대다수 한국의 호텔 욕실에는 배수구가 있지만, 많은 나라, 특히 유럽이나 미주는 배수구가 없어 커튼을 욕조 안으로 치지 않고 샤워하면 물이 욕조 바깥으로 나와 카펫을 적시거나, 심지어 심할 경우 아래층으로 누수되어 문제를 일으키게 된다.

호텔의 욕실은 객실 바닥의 높이와 별 차이가 없거나 수평인 경우가 대부분이어서 욕조에서 커튼을 욕조 안쪽으로 치고 샤워를 하지 않으면 객실의 카펫이나 양탄자를 버리게 되는 일이 있다. 이 경우 호텔에 벌금을 물어야 하는 경우도 발생하는 만큼 주의해서 사용해야 한다.

욕실에는 여러 종류의 타월들이 준비되어 있다. 일반적으로 호텔 내 수건은 크기별로 3가지 종류로 나뉘어져 있다. 가장 큰 사이즈의 수건은 목욕이나 샤워 후에 몸을 닦을 때 사용하며, 중간 사이즈는 얼굴을 닦을 때, 가장 작은 사이즈의 수건은 손이나 발을 닦을 때 사용하거나 비누칠을 할 때 사용한다.

21.1 호텔의 서비스

① 룸 서비스

객실 내에서 차(茶)나 식사를 하고자 할 때에는 룸 서비스를 이용하면 된다. 객실 내에 룸 서비스 메뉴가 비치되어 있으므로 메뉴를 보고 전화로 주문하면 되는데, 룸 서비스의 경우는 레스토랑의 가격보다 10~15% 정도 비싸다.

한편 아침 일찍 식사를 하고 싶을 때는 전날 밤에 행거 메뉴(Hanger menu)에 미리 주문을 해 놓고 객실문 밖의 문고리에 걸어 두면 지정된 시간에 주문한 식사를 가져오므로 아침에 시간이 촉박한 경우 이용하면 매우 편리하다. 문 밖에 걸어 둔다고 해서 행거 메뉴라고 하는데, 이는 룸 서비스 메뉴와 함께 객실 내에 비치되어 있다.

② 세탁

여행 중 세탁물은 간단한 것은 직접 욕실에서 빨도록 하고, 이들 빨래는 아파트와는 달리 호텔의 베란다에 내다 말리는 것을 삼가해야 하며, 욕실에서 그냥 말려도 실내 공기가 건조하여 잘 마른다는 사실을 알아 두면 좋다.

대부분의 호텔은 세탁 서비스(Laundry)를 제공하므로 특별한 경우를 제외하고 굳이 많은 옷을 가지고 다닐 필요는 없다.

세탁 서비스란 세탁에서부터 다림질(Pressing)까지의 서비스를 말한다. 세탁물을 드라이크리닝과 다림질 및 일반세탁물로 분류하여 객실에 있는 세탁주문서에 필요사항을 기입하고 비치되어 있는 비닐 백에 넣어 객실문 밖의 손잡이에 걸어 놓으면 세탁 서비스를 받을 수 있다. 대개 오전 중에 맡길 경우에는 그 날

안으로, 오후에 맡길 경우에는 그 다음날 오전 중으로 배달되지만, 호텔별로 차이가 있으므로 확인해 두는 것이 좋다.

객실에 비치되어 있는 안내책자에 자세한 설명이 있으므로 세탁 서비스 이용 시 참고하고, 계산은 체크아웃 시에 하면 된다.

③ 모닝 콜

전화를 이용한 시스템으로 아침에 깨워 주는 '모닝 콜'(Morning call)이라는 것이 있다. 모닝 콜이란 아침에 원하는 시간에 교환에게 전화를 부탁해 그 벨소리에 깰 수 있도록 하는 것을 말하는데, 예전에는 교환이 직접 모닝 콜을 했으나, 요즘에는 대부분 자동응답기가 깨워준다.

즉, 전화 자체에 알림기능을 부여해 굳이 교환에게 전화부탁을 하지 않아도 되는 경우도 있다. 해외여행에서는 피로나 시차 등으로 인해 아침에 제대로 일어나지 못하는 경우가 있으므로 비즈니스 출장 시에는 모닝 콜을 이용하면 편리하다.

- 호텔 내 모닝 콜 안내문

모닝 콜 서비스가 유료인지도 확인한다.

> To make a collect call using Bell Home phone, dial 0 and follow the automated voice prompts. The long distance charges will be billed to the person receiving the call, so they must accept the charges before the call can be connected. You'll be charged a small connection fee for long distance collect calls.

④ 비즈니스 서비스

비즈니스의 국제적 교류가 빈번해지면서 호텔의 기능도 이제는 단순한 숙박 위주에서 벗어나 부대기능의 다양화와 충실화에 더욱 중점을 두려는 경향을 보이고 있다. 이런 가운데 비즈니스 호텔을 표방하는 호텔에 있어 부대기능으로서 빼놓을 수 없는 것이 바로 비즈니스 서비스로서 그 중추기능을 담당하는 곳이

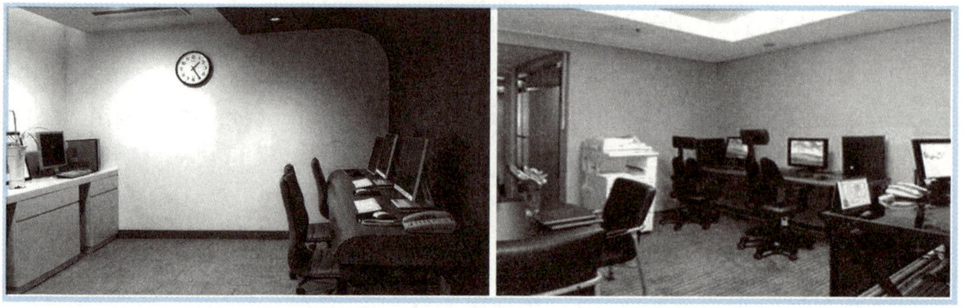

비즈니스센터이다.

전형적인 비즈니스 서비스로는 다음과 같은 것이 있다.

- 사무보조: 타이핑 혹은 워드작업, 복사 등 번역 및 통역(동시통역)
- 메신저 서비스: DHL 또는 UPS를 비롯한 각종 문서수발 서비스, 텔렉스·팩시밀리 등의 송수신, 각종 우편업무
- 비즈니스 정보제공 및 항공권 예약·취소
- 각종 OA 기기의 대여 및 사용: 퍼스널 컴퓨터, 컬러 복사기를 비롯한 각종 복사기, 슬라이드 프로젝터, OHP 기기 등

⑤ 객실 메이크업 서비스와 DD카드

호텔에서의 객실 메이크업(Make up)이란 객실 정리 및 정돈 서비스를 말한다. 객실 메이크업은 고객이 외출한 때를 이용해 룸 메이드가 하도록 되어 있다.

또 저녁 무렵에는 턴 다운 서비스(Turn down service)의 하나로 오픈 베드(Open bed)라고 하여 투숙객이 취침하기 편하도록 침구의 한쪽 모서리를 단정하게 접어 놓는 서비스를 해 준다.

따라서 객실 메이크업 서비스를 위해 룸 메이드의 객실 출입이 몇 번 있게 되는데, 객실 내에서 중요한 작업 중이거나 굳이 방해를 받고 싶지 않을 경우에는 객실 문 밖에 DD(Do not Disturb)카드를 걸어 두면 룸 메이드가 객실청소를 위해 노크하는 등의 방해를 일체 하지 않는다.

최근에는 DD카드 대신 문 밖에서 표시되게 문 안에 조작버튼을 눌러서 객실에 사람이 있거나 객실정리를 원하는 버튼이 있다.

⑥ 콘시어지(Concierge) 서비스

고급 호텔일수록 고객을 위한 특별한 서비스가 많기 마련이다. 콘시어지 서비스가 바로 대표적인 예로 고객 개개인의 필요한 각종 정보에서부터 불평·불만처리에 이르기까지 고객이 원하는 모든 서비스를 제공하는 것을 말한다.

콘시어지의 원래 의미는 '문지기'란 뜻으로, 호텔에서는 안내인을 의미한다. 콘시어지는 고객과 접하기 좋은 호텔 현관에서 가까운 곳에서 근무한다.

현지사정에 익숙치 못한 고객들에게 누군가의 도움을 받아야 할 경우, 혹은 문제가 발생한 경우, 콘시어지는 고객의 손과 발이 되어 어려움을 해결해 준다.

호텔에 따라서는 콘시어지라는 용어 대신 당직지배인실(Duty desk) 혹은 대고객 서비스부(GRO: Guest Relation Office) 등의 명칭을 쓰기도 한다.

이와 비슷한 개념으로 Westin 호텔이나 Hilton 호텔과 같이 고급 호텔인 경우에는 호텔 로비에 Bell Captain이 있다. 보통 30대 정도의 여자가 로비에 책상을 갖다 놓고 앉아 있는 것을 볼 수 있는데, 이 여자가 Bell Captain이다.

주로 고객의 심부름을 해 주는데, 비행기표를 확인(Confirm)해 주거나, 연극이나 음악회의 입장권 등을 사주기도 한다. 이 외에도 관광지나 식당 등에 대해 물어 볼 수도 있고, 필요한 것에 대해 친절히 대답해 준다.

⑦ 환전

호텔에서 환전은 24시간 가능하지만, 수수료는 시중은행보다 비싼 편이다.

⑧ 귀중품 보관함

호텔은 객실 도난사고에 대해 일절 책임지지 않는다. 따라서 고가품이나 귀중품 및 현금은 프런트에 맡겨두는 것이 안전하다. 자기 비밀번호를 등록하는 금고가 객실 내에도 준비되어 있다.

⑨ 픽업 및 센딩 서비스

호텔에 미리 연락을 해 놓으면 호텔로부터 공항으로 마중을 나오거나 배웅을 해주는 서비스를 말한다.

⑩ 턴다운 서비스

저녁시간 때에 고객이 외출하고 들어오기 전에 편안한 취침을 위해 객실을 재정비하는 서비스이다.

21.2 호텔의 시설

① 로비

프런트 옆에 라운지 형식으로 마련되어 있다.

② 호텔 레스토랑 및 커피숍과 Bar

호텔 내 위치한 레스토랑은 음식값이 비싼 편이지만, 다양한 음식과 고급 요리를 접할 수 있고, 지불은 사인만으로 된다. 커피숍과 Bar 또한 여가시간을 보낼 수 있는 공간 중 하나이며, 식음료를 제공받을 수 있는 공간이다.

호텔의 다양한 종류의 식당은 입맛에 맞추어 원하는 음식이 있는 식당을 이용하면 된다. 아침식사 때는 비교적 가벼운 차림으로 가도 되지만, 슬리퍼나 체육복 차림은 삼가야 하며, 저녁식사 때는 신경을 써서 단정히 입는 것이 좋다. 그리고 식사를 위해 레스토랑을 방문할 경우 자리가 비어 있다고 무조건 앉아 식사를 하는 것은 가장 무례한 호텔 매너 중의 하나이다. 반드시 종업원이 좌석을 안내해 줄 때까지 기다려야 한다.

③ 피트니스 시설

호텔의 부대시설 중 빠뜨릴 수 없는 것이 피트니스(Fitness)센터이다. 이전의 피트너스 시설은 단순한 체력단련과 여가활용의 목적이었지만, 최근에는 여행의 피로를 빨리 풀고 비즈니스에 더욱 열중할 수 있도록 도와주는 필수시설로 인식되고 있다.

호텔의 피트니스 시설로는 체련장(Exercise room), 사우나(Sauna), 수영장, 미용실 등이 기본이며, 테니스장·조깅 코스·골프연습장 등까지 갖춘 곳도 있다. 호텔 투숙고객의 피트니스 시설이용은 호텔에 따라 무료인 경우도 있으며, 소정의 입장료를 내는 경우도 있으나 일반가격보다 50% 정도의 할인가격이므로 부담 없이 즐길 수 있다.

21.3 전체적인 호텔이용 에티켓

관광호텔을 이용할 때에는 단정한 옷차림으로 가면 호텔종사원들에게 좋은 서비스를 받을 수 있다는 것은 잘 알려지지 않은 호텔 내부의 노하우(Know-how)이다.

호텔 출입 시 엘리베이터 안에서 남자는 모자를 벗는 것이 예의이나, 여성은 실내에서 모자를 쓰고 있어도 실례가 되지 않는다.

호텔의 연회장이나 식당 등의 출입구에서 핸드백 외의 코트나 모자, 스카프 등의 간단한 소지품을 맡기는 것이 당연하므로 관광이나 여행 중에 들고 다니는 가방이나 짐들을 그냥 든 채로 호텔 식당을 들어간다는 것은 결례가 된다. 이러한 불편을 덜어 주기 위해 각 영업장 입구에 짐을 맡기는 클럭 룸(Clerk room)의 활용을 권장해 볼 만하다. 여자들의 작은 핸드백은 테이블 위에 놓으면 안되고, 반드시 등(엉덩이) 뒤에 놓고 앉는다.

귀중품은 Safety 박스를 이용하는 것이 좋다. 호텔방은 안전지대가 아니다. 호텔 룸에 여권과 현금 등의 귀중품을 두고 외출하는 것은 위험을 자초하는 일이다. 호텔에 따라 프런트 데스크에서 세이프티 박스를 배치한 곳도 있고, 객실에 개인금고를 설치한 호텔도 있다.

호텔 내 공공지역(복도, 로비, 레스토랑 등)에서는 큰 소리로 말하지 않는다.

Safety 박스가 옷을 보관하는 Closet에 위치하므로 체크아웃 전에 Safety 박스에 귀중품을 두고 가는 불상사가 없도록 퇴실 전 잘 체크하여야 한다.

호텔에서 체크아웃하기 전에 객실에 팁을 놓고 나온다. 팁은 호텔리어의 중요한 소득원이다. 얼마의 팁을 놓고 나오면 좋을까? 1박당 2~5달러가 적절하다.

Chapter 22

프레젠테이션 예절

- 철저한 준비를 통한 자신감과 열정으로 청중에게 신뢰감을 준다.
- 커뮤니케이션 스킬을 습득하고 바디 랭귀지를 적절하게 활용한다.
- 시각화를 고려해서 도형, 그래프를 적절히 배치한다.

① 발표 주제에 맞는 자료 준비

- 청중 분석
  - 청중 규모
  - 청중 성별 구성비
  - 청중 평균 연령
  - 청중 교육 수준
  - 주제에 대한 관심과 자세
  - 참여 목적

- 프레젠테이션 사전 연습과 점검
  - 발표 내용을 되풀이하여 연습한다.
  - 발표할 때 참고할 수 있는 발표용 노트를 준비한다.

- 발표 모습을 비디오 촬영한 후 고쳐야 할 자세와 습관을 점검한다. (비디오 촬영 대신에 녹음기를 사용해도 된다.)
- 보수적인 의상을 착용한다.
- 발표시간 1시간 전에 발표 장소에 도착한다.

② 질의 응답

- 질문을 받을 때는 질문을 경청하면서 질문의 의도와 성격을 파악한다.
- 질문에 답하기 전에 질문에 대한 칭찬을 잊지 않는다.
- 질문을 제대로 듣지 못한 청중을 배려해서 질문을 다시 한 번 언급한다.

③ 프레젠테이션 마무리

- 중요한 핵심을 다시 언급하여 포인트를 요약해 준다.

Chapter 23

인맥 관리 예절

왜 인맥은 중요할까?

성공을 눈앞에 두고도 사람 때문에 좌절하거나, 자신의 가치를 알아줄 사람을 만나지 못해 능력을 발휘하지 못하는 경우, 언제나 성공의 마지막 순간은 사람이 결정한다.

인맥을 돈으로 형성하면 결과는 참혹하다. 인맥은 자기관리와 이미지 메이킹에 의해서 관리되어야 한다.

인맥 형성에 성공하는 사람들은 어떤 사람들이고 인맥 형성에 실패하는 사람들은 어떤 사람들일까?

① 사람들이 모이는 사람의 특징

- 여유롭고 재미있는 유머러스형
- 감동을 표현할 줄 아는 표현형
- 타인의 능력을 솔직하게 인정하는 솔직 담백형

② 사람들이 꺼리는 사람의 특징

- 자기의견만 내세우는 독불장군형

– 만났다하면 불평불만만 일삼는 투덜이형

– 말 옮기기 좋아하는 떠벌이형

상품은 상품의 외적 물질성 때문이 아니라 차이를 드러내면서 소비된다. 물건을 사는 것이 아니라 그 상품에 담긴 가치와 이야기를 산다.

나만의 브랜드를 만든다. Only One이 추구하다 보면 Best One이 될 수 있다.

③ 대인 능력 판정법

– 곤란한 사람을 무의식적으로 도와준다.

– 상대가 화가 나있다고 생각되면 달래준다.

– 상대와 자신의 공통점을 찾아내는 것이 특기다.

– 아는, 혹은 모르는 사람에게 먼저 말을 건넨다.

– 상대에게 불쾌감을 주지 않도록 행동이나 복장에 신경을 쓰고 있다.

– 비교적 자신을 애교있는 타입이라 생각한다.

– 타인의 장점을 늘 솔직히 인정하고 존경할 수 있다.

– 자신의 프라이드는 그렇게 높다고 생각되지 않는다.

– 타인에 대해서 극단적인 싫고 좋음의 감정을 갖지 않는 타입이다.

– 타인의 험담을 하거나 남으로부터의 험담을 듣는 것이 싫다.

점수	평가
0점 ~ 3점	자존심이 너무 강하다. 타인과의 대립이 많을 수 있다.
4점 ~ 7점	인간의 감정이나 움직임에 대해서 더욱 민감해지면 좋다. 자신이 타인에게 호의를 가질 때 혐오감을 가질 때의 분류, 냉정하게 분석한다. 남과의 거리감을 잘 조절할 수 있게 된다.
8점 ~ 10점	대인능력을 지닌 사람 인간의 심리를 잘 알고 있다. 상대가 뭘 바라는지를 잘 알고 있는 사람이다.

친구도 인맥일까?

친구도 광범위한 인맥에 포함된다.

④ 인생에서 가장 필요한 친구의 종류

- 연애감정이 안생기는 속 깊은 이성친구
- 믿고 의논할 수 있는 든든한 선배
- 무엇을 하든지 믿고 따라오는 후배
- 에너지를 충전시켜주는 애인
- 쓴소리도 마다하지 않는 냉철한 친구
- 언제라도 불러낼 수 있는 술친구
- 추억을 많이 공유한 오래된 친구
- 부담없이 돈을 빌려주는 부자친구
- 여행하기 좋은 먼 곳에 사는 친구
- 나를 자극하는 경쟁력있는 친구

⑤ 인맥을 넓히고 인간관계 Boundary를 넓히는 자세

- 뛰어난 사람과의 관계 만들기를 주저하지 마라.
- 거절당하는 것을 두려워 마라.
- 타인의 방식을 존중하라.

⑥ 성공하는 사람의 매너

- 다른 사람에게 대우받고 싶은 것처럼 다른 사람을 대우하라.
- 칭찬하라.
- 관대하라.
- 긍정적으로 대한다.
- 솔직하라. (신뢰는 솔직함에 달려 있다.)
- 친구가 되어라.

지속적인 만남과 연락으로 인맥을 유지한다.
연초, 연말, 명절에 간단한 문자를 보내서 인사를 한다.

Chapter

24 상황별 예절

24.1 장례식

① 한국

- 향합에서 향을 집어 불을 붙여 향로에 꽂는다.
- 영전에 두 번 절하고 일어서서 영전 앞에 고개를 숙인다.
- 상주에게 절을 한다.
- 인사말을 전한다.

  예 삼가 조의를 표합니다.
  얼마나 마음이 비통하시겠습니까?
  무어라 위로의 말씀을 드려야할지 모르겠습니다.

• 제사상

② 미국

- 장례식에 꽃을 보내지 않는다.
- 검은색의 정장을 입는다.
- 장례식에 Brown 색상의 구두를 신지 않는다. 검은색의 구두를 신어야 한다.
- 미망인은 Veil을 쓰기도 한다.
- 무더운 여름에도 장례식에서 여성은 어깨를 가려야 한다.
- Guest Book에 서명한다.
- 장례식에는 15분 정도 머물다간다.
- 기도가 진행 중일 때 떠나서는 안 된다.
- 관 뚜껑(Open Casket)이 열려져 있다. 모든 장례식에 항상 관 뚜껑이 열려져

John F Kennedy 대통령 장례식에서 Veil을 쓴 영부인

있는 것은 아니다. 고인에게 마지막 인사를 한다.

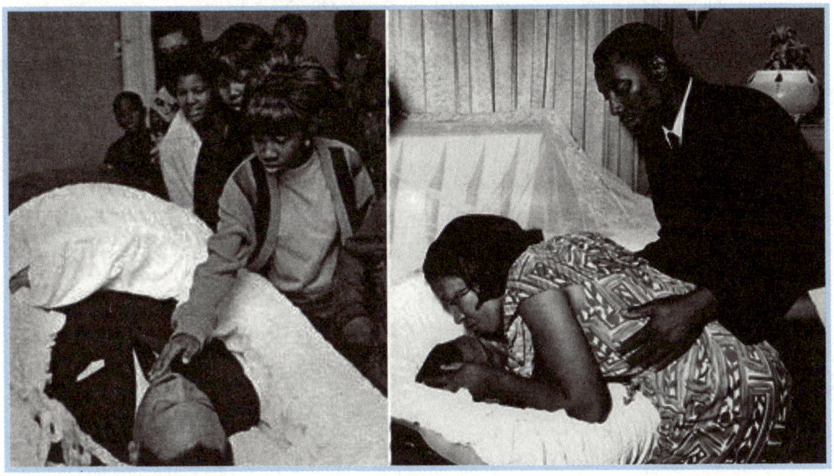

∘ 마틴 루터 킹 목사의 장례식

- 위로의 말을 전한다.

예 I am sorry. My sympathy to you and your family.

③ 일본의 장례식 예절

- 검은색 정장을 입는다.
- 여성은 짙은 화장이나 액세서리를 삼간다.
- 부의금을 고덴이라는 부의금 봉투에 넣는다.
- 부의금은 새 지폐를 사용해서는 안 된다. 새 지폐를 사용해야만 한다면 세로로 한 번 접었다 편 뒤에 봉투에 넣는다.
- 부의금은 9를 제외한 홀수로 넣는다.

예 1, 3, 5, 7만엔

- 유족에게 인사를 한 뒤 제단을 향해 인사를 하고 오른손의 엄지, 검지, 중지 손가락으로 향을 잡는다. 집은 향을 눈 높이까지 올리고 향로에 분향한 뒤 합장을 하고 유족에게 다시 인사를 한다.

- 장례식에서 꽃은 줄기 부분은 왼손으로 잡고 오른손으로 꽃을 받드는 자세로 잡은 뒤 자신을 향하게 한 후에 놓는다.

24.2 결혼식 예절

- 결혼식에는 신부의 색상인 흰색을 입고 가지 않는다.
- 결혼식에는 청바지를 입고 가지 않는다.
- 신부보다 더 예쁘거나 다른 하객들의 시선을 빼앗는 예쁜 옷을 입고 가지 않는다.

  예 등이 파진 이브닝 드레스
- 단정한 복장으로 참석한다.
- 식당으로 바로 향하지 않는다.
- 인사말을 전한다.

  예 결혼을 축하드립니다.

24.3 병문안 예절

- 병원의 규칙을 준수한다.
- 병문안 시간을 준수한다.
- 환자는 수술이나 입원 후에는 환자복을 입고 있으므로 방문할 때 지나치게 화려한 옷을 입는 것은 피하도록 한다.
- 진한 화장이나 향수도 환자에게 피해가 될 수 있으므로 주의해야 한다.

- 검정색의 옷은 장례식장과 같은 분위기가 날 수 있으므로 피한다.
- 병원 방문을 했는데 환자의 상태가 좋지 않다면 환자를 만나려고 하기 보다는 가족만 만나고 돌아오는 것도 괜찮다.
- 환자에게는 안정이 필요하므로 어린 아이를 데리고 가는 것도 두 번 생각해 보고 결정한다.
- 병문안을 갔는데 의사 선생님이 회진 중이시라면 환자의 곁에 있기 보다는 잠시 복도에서 회진이 끝날 때까지 기다린다.
- 음식과 같은 선물은 의사나 간호사에게 물어보고 준비한다.
- 꽃은 알레르기 환자도 있으므로 주의한다.
- 인사말을 전한다.

  예 좀 어떠십니까?

  빨리 완쾌되시기를 바랍니다.

24.4 생일 축하 파티 예절

- ▶환갑: 61세
- ▶고희: 70세
- ▶희수: 77세
- ▶미수: 88세
- ▶백수: 99세

- 인사말을 전한다.

  예 생신 축하드립니다.

  더욱 건강하시기 바랍니다.

24.5 공동 목욕탕 예절

공동 목욕탕이 있는 국가로는 일본, 터키 등이 있으며, 다음과 같은 사항들을 삼가해야 한다.

- 샤워도 하지 않은 채 탕 속으로 들어가는 행위
- 머리도 감지 않고 탕 속으로 들어가는 행위
- 사우나에서 나와 땀을 씻지도 않고 탕으로 들어가는 행위
- 일회용 면도기, 칫솔, 젖은 수건 등을 그냥 팽개치고 나가는 행위
- 탕 안에서 큰소리로 떠들거나 머리를 감고 나가는 행위
- 샤워를 하면서 소변을 보는 행위
- 바닥에 침이나 가래를 뱉는 행위
- 옆사람에게 비눗물이나 찬물을 마구 튀기는 행위
- 여성들은 미용에 좋다고 여러 종류의 마사지를 하면서 또 세탁까지 하는 행위
- 탕 안에서 수영을 하는 행위

24.6 음악회 예절

- 다른 이에게 방해가 되는 행동은 삼가며 특히 핸드폰은 전원을 끄거나 진동으로 해 두어야 한다.
- 음악회장은 방음 장치가 완벽한 곳이므로 핸드폰을 가지고 있는 경우에는 아예 전원을 끄는 것이 바람직하다.
- 감상할 곡을 잘 모르면 미리 준비를 하여 사전 감상을 하는 것도 좋은 방법이다.
- 음악 내용에 흥미를 갖도록 노력하는 자세를 갖도록 한다.
- 무대 상연이 시작되기 전에 극장에 도착하여 공연을 관람하는 자세가 중요하다.
- 다른 사람 앞을 부득이 지나갈 때에는 "실례합니다." 또는 "미안합니다." 라는 인사말을 공손하게 하면서 가도록 한다.

- 공연 시 이야기나 잡담을 해서는 안 된다.
- 공연 시 혼자서 큰 소리로 웃거나 꼼지락거리는 소리를 내서 다른 이의 관람을 방해해서는 안 된다.
- 공연 시 좌석에서 두리번거리는 행위 등을 해서는 안 된다.
- 공연 시 껌을 씹는 소리, 과자 등의 부스러기 소리가 나는 행동은 자제해야 한다.
- 공연에 염증을 느낀 나머지 주의를 분산시켜 남에게 방해가 되는 행동은 삼가야 한다.
- 박수 등은 알맞게 쳐야지 소란스럽게 계속 쳐서는 안 된다. 특히 초보자에게는 박수를 치는 타임을 맞추는 것도 그리 쉬운 문제가 아니다. 이때에는 한 박자 늦게 치는 것도 좋은 방법이며 3~4악장으로 구성된 교향곡이나 협주곡은 모든 악장이 끝나야 박수를 쳐야지 중간에는 치지 않음을 알아야 한다. 3~5곡을 묶은 성악에서도 마찬가지이다.
- 기악 연주에서는 한 악장으로 되어 있거나 소품일 경우 곡이 끝날 때마다 박스를 쳐도 좋다. 특히 오페라에서 아리아나 이중창 등이 끝나면 박수를 쳐서 성악가들을 격려해주는 것도 분위기에 참가하는 좋은 매너이다.
- 앵콜을 청할 때에는 두 번 정도 청해서 안 되면 그만 두어야 한다. 그럼에도 불구하고 휘파람을 불면서 계속하여 청하면 안 된다.

24.7 법정 예절

- 한국과 미국 모두 공통적으로 적용되는 법정 예절
  - 법정에서의 복장으로 날 청바지, 티셔츠, 짧은 치마, 노출이 심한 윗도리를 입는 것은 자제한다.
  - 남자들의 경우 가능하면 검은색의 정장을 착용한다.
  - 법정에 앉아 있는 동안 다리를 꼬고 흐트러진 자세로 앉아 있거나 서 있는 상태로 서성거리며 다른 사람과 이야기하는 것은 판사의 눈에 크게 거스르는 행동이니 자제해야 하고 바른 자세로 앉아 있어야 한다.

- 법정에서 신문을 읽어서는 안 된다.
- 법정에 들어갈 때 핸드폰은 벨소리가 나지 않도록 하여야 한다.
- 옆사람과 이야기하는 것은 삼가하고 재판에 집중해서 경청해야 한다.
- 법정뿐만 아니라 법원 건물 내에서도 정중한 태도를 항상 유지하여야 한다.

● 미국을 기준으로 외국 법정 내에서의 예절

- 법정의 발언대(Bar table)에서 자신의 케이스에 대해 언급할 경우, 자신의 성명(Last name)을 또박 또박 발음하고 피고인지 원고인지 혹은 피고측 변호사인지 원고측 변호사인지 분명히 밝힌다.
- 상대방이 판사에게 변론을 제시하고 있을 경우, 이의가 있다고 하여 중간에 방해를 해서는 안 되며 자신의 차례까지 기다린 후 변론을 한다.
- 재판부에게 자신의 주장이나 의견을 개진할 때는 일어서서 하여야 한다.
- 자신의 케이스에 대한 변론이 다 끝났다고 하여 발언대(Bar table)를 그냥 떠나면서 빈 상태로 남겨두면 그 또한 판사에 대한 결례가 될 수 있으며 다른 사람이 발언대에 올 때까지 기다린다. 만약 자리를 먼저 떠나야 한다면 판사에게 "May I be excused, your honour"하고 양해를 구한다.
- 판사가 말하고 있을 경우 말을 끊거나 방해하는 행동을 해서는 안 되며 판사의 말을 끝까지 듣고 판사의 의중을 충분히 파악한 후에 판사가 질문한 내용을 모르면 모른다고, 알면 안다고 솔직하게 답변한다.
- 만약 판사가 "I reject it."이라고 단호하게 말할 경우 더 이상 그 요점에 대해서 말하는 것을 중단하고 다음 내용으로 넘어가야 한다.
- 판사를 호칭할 때는 반드시 "Your honour"나 "His/Her honour[1]"라고 호칭해야 하고 자신의 의견을 말할 때는 "I think"라고 말하기보다는 "I submit"라고 해야 한다.
- 법적 쟁점(Argument)을 제시하는 과정에서도 판사가 이해하기 쉽게 시작 전에 중요 요점을 먼저 말한다. 그리고 순서대로 Firstly, Secondly, Lastly 등으로 요점을 단계적으로 자세히 설명해 나가는 것이 효과적인 방법이다.

1. Her honor : 판사가 여성인 경우

- 법정 안에서의 예절은 주어진 권한 내에서 판결을 내릴 수 있는 판사에게 심리적인 영향을 미칠 수 있기 때문에, 법정에 참석 시에는 사전에 법정 예절을 알고 가는 것이 매우 중요하다.

24.8 운전 예절

● 세계 공통

- 신호등을 잘 지킨다.
- 중앙선을 넘지 않는다.
- 주·정차는 지정된 장소에서만 한다.
- 부득이한 주·정차를 한 경우, 빠른 시간 내에 이동을 한다.

① 일본

- 경적을 울리지 않는다.
- 상향등을 켜면 경고의 의미가 아니고 양보를 의미한다(그리스에서도 양보의 의미).

② 미국

- 고속도로에서도 제한 속도로 운전한다.
- 표지판과 바닥에 STOP 사인이 있으면 약 3초간 정지한 후에 먼저 정지한 순서대로 출발한다.
- 추월할 때는 오른쪽 차선으로 이동 후 추월해서 다시 원래 차선으로 이동해야 한다.
- School Zone에서는 25마일(40킬로미터) 이하로 서행해야 한다.

③ 독일

- 1차로는 고속으로 달리는 차들과 추월차선이다.
- 차선으로 주행 중에 뒷차가 더 빠르게 온다면 우측으로 비켜준다.

- 차선마다 속도를 달리한다.
  1차선 > 2차선 > 3차선

24.9 흡연 예절

① 프랑스

- 사무실, 학교, 공공기관, 식당에서는 금연이다.
  금연구역에서 흡연 시 500유로의 벌금이 부과된다.

② 일본

- 공공장소에서는 금연이다.
- 신주쿠와 시부야는 금연구역이 정해져 있다.

③ 캐나다

- 공공장소, 카지노, 식당에서 금연이다.

④ 싱가포르

- 공공화장실, 대중교통, 어린이 놀이터, 시장, 주차장, 건물 실내에서는 금연이다.
- 금연 규정을 어길 경우, 싱가포르 200달러에서 1000달러의 벌금이 부과된다.

24.10 엘리베이터 예절

- 큰 소리로 떠들지 않는다.
- 엘리베이터 안에서 핸드폰을 걸거나 받지 않는다.

- 여성, 어린이, 노인을 먼저 타고 내리게 하며, 내릴 때 엘리베이터 Open 버튼을 누르고 기다린다.
- 엘리베이터 안에서 큰 소리로 대화하지 않는다.
- 엘리베이터 안에서 방귀를 뀌지 않는다.

24.11 교실 및 강의실 예절

- 핸드폰을 진동 또는 무음으로 한다.
- 수업 중에 핸드폰으로 인터넷 검색 또는 카카오톡 등으로 문자 보내기를 하지 않는다.
- 다른 수업의 책을 보지 않는다.
- 다른 수업의 과제물을 하지 않는다.
- 옆사람과 대화하지 않는다.
- 수업시간에 늦지 않는다.
- 수업에 집중한다.
- 엎드려 잠을 자지 않는다.
- 강사의 허락 없이 교실을 나가지 않는다.

ㅇ 오바마 대통령이 한국 대학생들을 대상으로 한 강연 중에 일부 학생들이 핸드폰을 만지는 모습이 언론을 통해 보도되기도 했다.

24.12 화장실 매너

① 미국

- 화장실은 노크를 하지 않고 아래 빈 공간으로 발이 보이는지 확인한다.
- Number 1(소변)과 Number 2(대변) 모두 볼 일을 본 후에는 반드시 손을 씻는다.

② 유럽

- 화장실이 유료이다.
- 소변과 대변에 따라 금액의 차이는 있다.
- 미술관, 박물관, 백화점, 호텔, 극장, 음식점 안의 화장실은 무료로 사용 가능하다.

③ 인도

- 화장실에 휴지가 없다. 왼손을 이용해서 수도꼭지 아래 양동이 물로 뒤처리를 한다.

④ 중국

- 화장실에 문이 없는 경우가 있다.
- 칸막이가 낮은 경우도 있다.

24.13 공원 예절

- 여러 사람이 사용하는 장소라는 것을 잊지 말고 시설물은 소중히 다루어야 한다.
- 휴지 등을 함부로 버리지 않는다.
- 침을 아무런 장소에서나 함부로 뱉지 않는다.
- 아무곳에서나 큰 소리를 지르지 않는다.
- 통행하다 혹 어깨가 부딪쳤을 때에는 자신의 잘잘못을 떠나 먼저 "미안하다"라는 인사를 건네도록 한다.
- 공원 안의 지켜야 할 사항은 꼭 지키도록 한다.
- 경치가 좋다고 하여 큰 소리를 지르면서 사진을 촬영하거나 특히 나무에 오르면서까지 사진을 촬영하는 행위는 삼가도록 한다.
- 사진촬영이 허용된 지역에서만 촬영한다.
- 이상하거나 색다른 모습에 힐끗힐끗 보는 시선은 보내지 않도록 한다.

24.14 경기장 예절

- 상대 선수를 조롱하거나 큰 소리로 야유를 퍼부으면 안 된다.
- 쓰레기를 버리지 않는다.
- 낙서를 하지 않는다.
- 흥분해서 자리에서 자주 일어난다면 뒷사람의 관람에 방해가 된다.
- 흥분해서 신발을 신은 채로 의자 위로 올라가는 행동을 삼가한다.
- 상대편 응원석에서 다른 팀 옷을 입고 응원하지 않도록 한다.
  만약 자리가 없어서 상대편 응원석에 앉았다면 조용히 관람만 한다.
- 경기장 안으로 어떤 것도 던지면 안 된다.

24.15 박물관 예절

- 박물관 내에서 뛰지 않는다.
- 소리를 지르지 않는다.
- 음식을 가지고 박물관으로 들어가지 않는다.
- 박물관 내에서 껌을 씹지 않는다.
- 사진을 촬영할 때 플래시를 터뜨리지 않는다.
- 전시물을 손으로 만지지 않는다.
- 박물관 건물 주변에서 흡연하지 않는다.
- 큰 가방을 들고 박물관에 입장하지 않는다.
- 다른 이의 관람에 방해가 되는 행동은 삼가한다.

– 핸드폰은 전원을 끄거나 진동으로 해 두어야 한다.
– 전시품에 대해서 아는 체하면서 큰 목소리로 이야기하지 않는다.
– 안내원의 지시에 따르며 질서를 존중하며 조용히 관람과 감상을 하도록 한다. 줄을 지어 관람을 할 경우, 혼자 오래서서 뒷사람에게 방해가 되는 행동은 삼가토록 한다.
– 사진은 허락한 장소에서만 하도록 한다.

24.16 극장 예절

– 핸드폰을 무음으로 한다.
– 옆사람과 큰 소리로 대화하지 않는다.
– 쓰레기를 쓰레기통에 버린다.
– 영화의 줄거리를 큰 소리로 말하는 Spoiler가 되지 않는다.
– 발을 앞좌석 위로 올리지 않는다.
– 신발을 벗지 않는다.

24.17 다문화 가정에 대한 예절

우리나라는 국제결혼이 꾸준히 증가하고 있으며, 다문화 가정과 함께 어울리고 조화롭게 살아야만 한다. 따라서 다문화 가정의 자녀를 대하는 태도도 매우 중요하다.

오늘날 교통과 통신의 발달로 국가 간의 왕래가 빈번해지면서 세계는 하나의 지구촌으로 통합되는 경향이 있다. 세계는 국제화, 세계화, 개방화를 추구하는 기류 속에서 우리나라도 우리 것만을 고집할 수 없다.

예절에 있어서도 우리의 예절만을 고집할 수 없게 되었으며 우리의 예절을 소중하게 여기되 세계시민으로서의 갖추어야 할 글로벌에티켓을 알고 지키지 않으면 안 된다.

이제는 외국에 나가는 사람들뿐만 아니라 우리나라 안에 있는 사람들까지도 방문하는 외국인이 많아짐에 따라 그들을 상대하게 될 기회가 많아지게 되었다. 글로벌에티켓이란 이제 지구촌에 살고 있는 세계의 모든 사람들이 지켜야 할 공통의 윤리나 규범이 되었다.

- 이웃을 대하듯이 동일하게 대한다.
- 다문화 가정은 외국인들이 아니다.
- 이질적 문화를 이해한다.
- 이질적 문화에 대해서 상황에 맞게 표현한다.
- 신기한 듯이 쳐다보지 않는다.
- 지구촌 시민으로서 국제적인 감각을 기르고 소양을 기른다.

24.18 소셜 네트워크 예절

Facebook, 카카오톡 등 SNS를 통해서 친구를 사귀기도 하지만, 기업 입장에서는 마케팅에 활용되기도 한다. 그러나 최근 무차별적인 SNS의 확산으로 인한 부작용도 심각한 수준에 이르고 있다.

● SNS는 어떤 문제점을 안고 있을까?

- 확산성에 거침이 없다.
- 죄의식을 느끼지 못한다.
- 인터넷 기록들이 지워지지 않는다.
- 사람잡는 신상털기가 가능하다.
- 공격적 미디어로 자리잡고 있다.
- 타인의 프라이버시를 존중하지 않는다.
- SNS를 왕따의 수단으로 활용하고 있다.

- 어떻게 하면 좋은 SNS 활용이 가능할까?
  - 얼굴을 보지 않고 대화하는 만큼 예의가 더욱 중요하다.
  - 타인의 명예를 소중히 생각하는 자세가 요구된다.
  - 친구 신청 시 자기소개를 먼저 한다.
  - 과도한 친구 신청으로 네트워크를 확대하는 데 집중하지 않는다.
  - 상대가 네트워크를 원하지 않을 수도 있다는 점을 이해한다.
  - 평정심을 갖고 있을 때만 메시지를 업로드한다.
  - SNS는 사적 네트워크가 아니다.
  - 긍정적 마인드를 주고 받으려고 노력한다.

International Manners & Image Making

PART 3

이미지 메이킹

Chapter 01 이미지 메이킹 목적

이미지는 라틴어 Imago(형상)에 그 어원이 있다. Imago(형상)는 성경에도 나온다. 창세기 1장 26절에 하나님의 형상(Imago Dei)대로 사람을 만들었다는 구절이 있다.

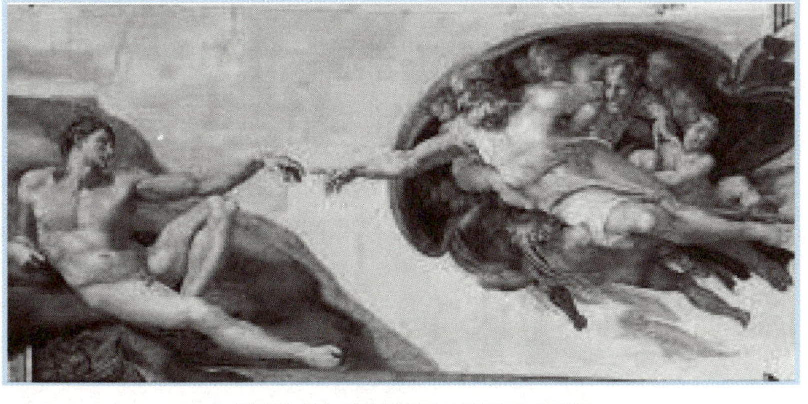

바티칸 시스티나성당의 미켈란젤로 작품

이미지 메이킹은 자신이 이미 가지고 있거나 또는 감추어진 모습을 찾아서 형상화해서 타인으로 하여금 자신이 갈고닦은 이미지로 평가받고자 하는 일련의 과정이다.

이미지 메이킹을 왜 해야만 할까?

이미지 메이킹은 자신의 본질과 개성을 가장 훌륭하게 표현하는 기술이다. 자신의 직업과 역할에 가장 어울리고 만나는 사람에게 호감과 만족을 주며 자신의 독특한 진가를 나타내는 것이다. 즉, 이미지 메이킹은 개개인의 삶의 질을 높이는 귀중한 자기 경영이다.

Chapter

02 이미지 메이킹 5단계

어떻게 하면 좋은 이미지를 만들 수 있을까?

"누구도 우리 자신의 동의 없이는 나를 열등하게 만들지 못한다." (루즈벨트 미국 대통령)

누구에게나 열등의식이 있고 약점도 있다. 자신의 약점을 어떻게 극복하고 다듬는가에 따라서 약점도 강점이 될 수 있다.

① Know yourself: 자신의 장단점을 알아야 한다.

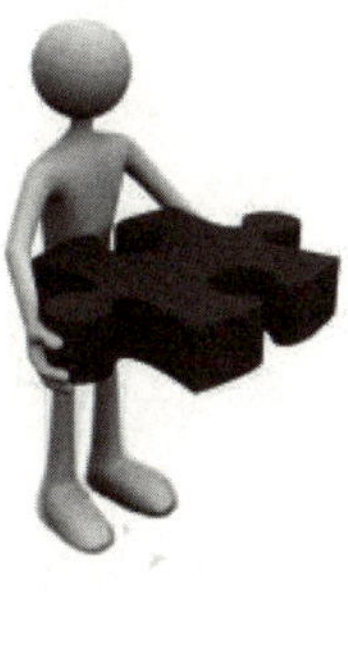

② Develop yourself: 자신의 숨겨진 이미지를 개발한다.

③ Package yourself: 자신의 가치를 잘 보이도록 포장한다.

④ Market yourself: 자신을 알린다.

⑤ Be yourself: 완성된 자아로서의 모습이 된다.

이미지 메이킹은 내적 자기관리와 외적 표현을 향상하고 일치시키는 데 목적이 있다. 이미지 메이킹은 외적 관리가 단순한 겉치레가 아니라 본인 내면을 타인이 제대로 발견할 수 있도록 관리하는 것이다.

Chapter

03 성공적인 이미지 관리

International Manners & Image Making

이미지 관리를 스스로 꾸준히 준비하는 사람만이 생존할 수 있는 시대에 살고 있다.

새로운 나만의 이미지를 개발해서 차별화한다.

최고의 이미지 관리자는 타고난 것이 아니라 만들어지는 것이다.

이미지 메이킹에 영향을 주는 것에는 초두효과와 빈발 효과가 있다.

첫 인상: 처음 대면하는 상대를 짧은 시간 내에 평가하고 결론을 내린다. 용모, 목소리, 태도 등에 보고 들으면서 들어온 정보가 상대에 대한 전반적인 이미지에 영향을 미치고 이를 초두 효과(Primary Effect)라고 한다. 사람들은 짧은 시간에 외모 또는 밖으로 들어나는 정보를 통해 상대의 성격과 인격까지 판단해 버리는 경향이 있다.

첫 인상에는 두 번째 기회가 없다는 말이 있다. 그러나 만남의 기회가 잦아지면서 상대의 숨겨진 모습을 발견하면서 첫 인상이 변하기도 한다.

초두 효과를 극대화하기 위해서 표정, 용모, 복장, 자세, 동작, 발성 등의 장점을 더욱 강화하고 부족한 부분은 꾸준한 개선이 필요하다.

초두 효과 향상을 위한 전략

좋은 초두 효과를 얻기 위해서는 어떤 것이 필요할까?

- 단정한 옷차림
- 깔끔한 용모
- 올바른 인사(인사는 볼 때마다 하는 것이 원칙이다. 인사는 내가 먼저 하는 것이 원칙이다. 인사는 과하다 싶을 만큼 자주해도 된다.)
- 바른 태도
- 밝은 표정
- 공손한 어투
- 세련된 언어 선택
- 긍정적인 사고방식과 대화
- 상대방에 대한 배려

빈발 효과(Frequency Effect)는 처음에 이미지가 좋지 않았더라도 만나는 횟수가 반복되고 증가하면서 용모, 목소리, 태도 등에 익숙해지거나 상대방의 좋은 점을 새롭게 발견하면서 점차 좋은 방향으로 바뀌는 것을 말한다.

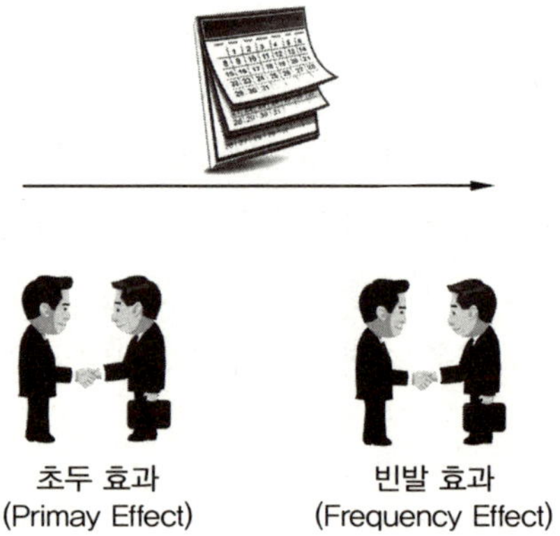

Chapter

04 이미지 메이킹 실전

4.1 표정 관리

① 얼굴 표정

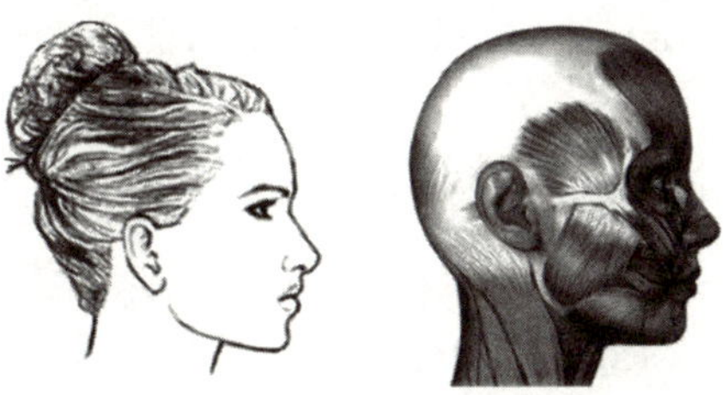

얼굴 근육의 개수는 80개이다. 이 중 웃을 때 사용되는 근육이 50개이며, 이 50개의 근육으로 만들 수 있는 표정은 수백 가지이다.

아이들의 밝은 표정과 미소는 천사의 미소라고도 한다. 아이들이 자라면서 점차 미소는 사라지고, 사교적인 미소(Social Smile)만 보여준다. 태어날 때부터 가지고 있었던 밝은 표정과 미소를 어떻게 되찾을 수 있을까?

연습을 통해서 잃어버렸던 아이 때의 미소를 다시 찾아올 수 있다.

② 다양한 얼굴 표정

• 웃는 상
- 늘 활기찬 얼굴
- 빛나는 눈동자, 올라간 입 꼬리로 주변 분위기를 밝게 하고 당당하고 긍정적인 이미지를 준다.

• 우는 상
- 팔자로 쳐진 눈썹은 우울한 느낌을 준다.
- 깊은 눈두덩이는 고민하는 인상을 준다.
- 고독해 보이며 상대의 기운을 뺏어갈 수 있으므로 표정에 신경 써야 한다.

• 슬픈 상
- 눈에 힘이 없고 약간 물기가 있으며 얼굴전체의 표정이 가라앉아 보인다.

• 비웃는 상
- 잘 웃지 않거나 웃더라도 심드렁한 표정으로 상대방의 마음을 상하게 할 수 있다.
- 한쪽 입술만 올라가게 웃는 경우 상대방에게 불쾌감을 준다.

③ 표정 관리

- 얼굴 표정: 장소에 맞는 표정 관리가 중요하다. 장례식에서는 엄숙한 표정으로, 결혼식장에서는 밝은 표정으로 대화한다.
- 입: 입은 다물고 양 꼬리를 살짝 들어올리는 미소
- 음성: 상대가 알아들을 수 있는 적절한 속도와 부드러운 음색을 유지한다.
- 머리: 청결을 유지한다.

④ 밝은 미소 만들기 운동

- 눈: 몸에서 긴장을 푼 채로 눈을 감는다.
  눈썹을 위·아래로 움직여 눈썹 주변의 근육을 풀어준다.
- 볼: 입술을 꼭 다물고 양 볼에 공기를 불어 넣어서 부풀린다. 공기에 부풀린 볼을 왼쪽 오른쪽으로 15초 간격으로 옮기면서 볼 근육을 풀어준다.
- 코: 코와 미간 사이에 주름을 약 5초간 억지로 주름을 만들었다 풀었다를 반복한다.
- 입: 입술을 앞으로 쭉 내밀었다가 입술을 옆으로 당겨서 활짝 미소를 짓는 운동을 연속적으로 5회 반복한다.
  입을 최대한 크게 벌리고 아, 에, 이, 오, 우를 반복한다.
- 혀: 입을 크게 벌린 후 혀를 오른쪽 및 왼쪽 끝으로 번갈아가면서 돌린다.

얼굴만 밝게 하면 이미지 메이킹이 완성되는 것일까?
표정관리는 때, 장소, 상황에 따라서 적절하게 연출되어야 한다.

⑤ 이미지 메이킹의 기본 3요소

- Time: 때에 맞는 연출
- Place: 장소에 맞는 연출
- Occasion: 상황에 맞는 연출

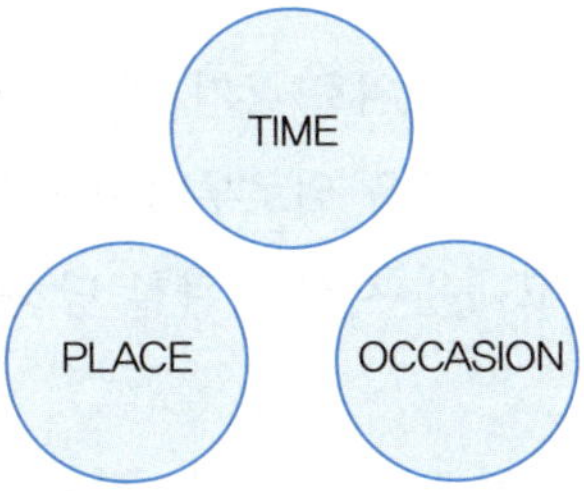

⑥ 시선 관리

눈은 마음의 창이다.

어린아이의 티없이 맑은 눈동자는 우리에게 순수함에 대해 다시 생각하게끔 하는 묘한 마력이 있다. 비록 어린 아이의 눈은 아니더라도 정확한 시선 맞춤을 통해서 우리는 고객의 마음을 편안하게 할 수도 있고, 따뜻하게 할 수도 있고, 열게 할 수도 있다.

이를 우리는 이론상으로는 알고 있지만 자신의 눈매에 대해 의외로 잘 모르는 경우가 많다.

⑦ 상대에게 불쾌감을 줄 수 있는 시선

• 치뜨는 시선

눈동자가 눈 위쪽으로 올라간 상태로 상대방의 얼굴을 쳐다보는 눈매이다.

도전적으로 보이고 반격의 준비를 하는 것 같은 인상을 준다.

특히 안경을 쓴 사람들이 안경 너머로 상대방을 쳐다보게 되면 자연히 치뜨는 눈매가 되므로 조심해야 한다.

• 내리뜨는 시선

눈동자가 밑으로 내려 온 상태로 상대방을 보는 눈매이다.

소극적인 인상을 주게 된다.

만약 턱이 올라간 상태에서 눈을 내려 깔게 되면 얕보는 인상을 주게 된다.

• 곁눈질

얼굴을 움직이지 않은 채 자기의 좌우에 있는 상대방을 보는 눈매이다.

째려보는 듯한 인상을 주게 되고 뭔가 은밀하게 탐색하는 느낌을 주게 된다.

눈치를 보거나 음흉한 사람으로 비쳐질 수 있다.

• 아래 위로 흘겨보는 듯한 시선

상대방을 위로부터 아래로, 아래서 위로 흘겨보는 듯한 눈매이다.

고객은 자신이 관찰 당하고 있다는 느낌을 받게 된다.

• 지그시 바라보는 시선

눈을 똑바로 뜨지 않고 반쯤 뜬 상태로 상대방을 바라보는 눈매이다.

호색한들이 딴 마음을 품고 바라보는 듯한 시선이므로 엉뚱한 오해를 받을 수 있다.

• 어긋나는 시선

상대방이 나를 쳐다보면 나는 딴 곳을 쳐다보는 시선이다.

만약 고객과 이런 어긋나는 시선이 반복되면 매우 소극적이고 자신감 없이 보이기도 하고 때로는 '상대하기 싫다'는 메시지로 받아들여질 수 있다.

무시하는 인상을 주기도 한다.

⑧ 상대를 즐겁게 하는 시선

▶ 눈 한가운데에 눈동자가 있어야 한다.

눈동자가 한가운데로 고정된 단정한 눈매를 유지하기 위해서는 고객에게 시선을 보낼 때 눈이나 고개만 움직여서는 안 된다. 몸 전체를 같이 움직여 고객과 마주보는 상태에서 고객을 보아야 한다.

▶ 1초 더 상대를 쳐다보아야 한다.

상대와 대화를 나눌 때는 대화가 끝날 때까지 상대의 눈을 쳐다보아야 한다. 그렇다고 전혀 시선을 돌리지 않고 뚫어져라 쳐다보지 않는다.

'1초 동안 더'라는 의미는 상대가 여러분의 눈을 보는 것보다 1초 더 상대방을 보는 습관을 길러야 한다. 즉, 내가 먼저 시선을 돌리지 말고 상대방이 먼저 돌릴 때까지 기다려야 한다.

상대로부터 눈길을 돌릴 때는 일단 시선을 아래로 내린 후에 보고자 하는 곳으로 눈길을 돌려야 한다.

상대방의 눈으로부터 바로 다른 데로 눈길을 돌리면 외면하는 듯한 인상을 준다. 시선을 한번 아래로 내린 후에 옆으로 돌리거나 상품으로 눈길을 주게 되면 부드러운 시선 돌림이 된다.

심신이 피로해지면 얼굴 표정은 물론 눈도 까칠해 보인다. 때때로 눈동자를 굴리는 운동도 필요하다. 얼굴을 고정시킨 채 눈동자를 좌우 상하로 돌린다. 눈의 피로를 풀어주는 효과가 있다.

4.2 목소리 관리

목소리 예절

밝고 힘 있고 경쾌하고 정확한 발음은 상대를 기쁘게 한다.

예 출근할 때 "좋은 하루되시기 바랍니다."

손님을 맞을 때 "어서 오십시오. 기다리고 있었습니다."
어떻게 하면 이런 목소리를 가질 수 있을까?

- 복식호흡
  - 깊고 풍부한 목소리가 나오기 위한 필수적인 호흡법이다.
  - 편한 마음가 짐으로부터 시작하여 자연스럽게 호흡한다.

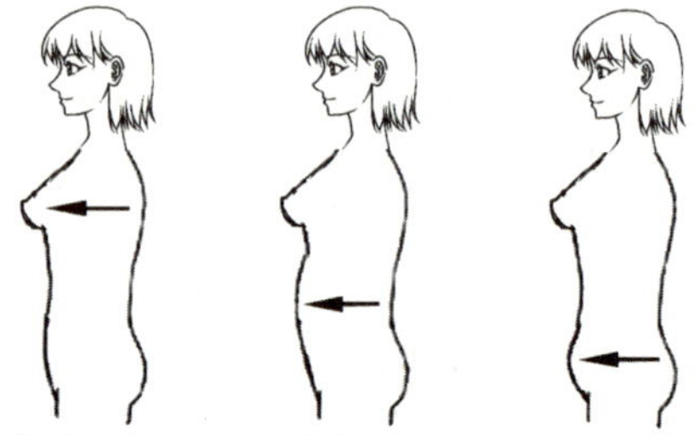

  - 코로 숨을 마시며 가슴으로 공기를 넣고 입으로 내쉬며 배를 등에 붙이듯 공기를 들여마신다.

- 정확한 발음
  - 저기 저 뜬 콩깍지는 깐 콩깍지인가 안 깐 콩깍지인가
  - 강낭콩 옆 빈 콩깍지는 완두콩 깐 빈 콩깍지고 완두콩 옆 빈 콩깍지는 강낭콩 깐 빈 콩깍지
  - 서울특별시 특허 허가국 특허 허가과 허가과장 허 과장
  - 시청 창살 새 창살 중앙청 창살 헌 창살
  - 저 강 건너 간장공장 공장장은 장 공장장이고, 강 안건너 된장공장 공장장은 정 공장장
  - 저기 저 말뚝은 말 맬 만한 말뚝인가 말 못 맬 만한 말뚝인가
  - 내친 걸음에 내일은 왜놈 밥집 술국밥 값 갚고 오늘은 외나무 밥집 장국밥 값 갚고
  - 대공원 봄 벚꽃놀이는 낮 봄 벚꽃놀이보다 밤 봄 벚꽃놀이니라
  - 내가 그린 그림은 뭉게구름 그린 그림이고 네가 그린 그림은 새털구름 그린 그림
  - 뭉실뭉실 두리 뭉실 호박 같은 내 얼굴 둥실둥실 두리 둥실 감자 같은 내 얼굴
  - 저기 계신 저분이 박 법학박사이시고 여기 계신 이분이 백 법학박사이시다.
  - 한양 양장점 옆 한영 양장점, 한영 양장점 옆 한양 양장점

- 멍멍이네 꿀꿀이는 멍멍해도 꿀꿀하고, 꿀꿀이네 멍멍이는 꿀꿀해도 멍멍하네

4.3 자세 관리

표정 관리와 목소리 관리에 이어서 어떤 것이 필요할까?

- 자세와 동작은 마음의 표현이다. 따라서 멋있고 아름답게 보이게 한다.
- 올바른 자세는 호감과 신뢰감을 준다.

① 이미지 메이킹에 영향을 주는 자세

• 서 있는 자세

- 남: 왼손 위 (남좌) 여: 오른손 위 (여우)
- 발을 V자 모양으로 하여 오른발을 약간 뒤로 뺀다.
- 엉덩이는 힘을 주어 앞으로 내밀지 않도록 한다.
- 무릎은 힘을 주어 붙인다.
- 등줄기를 곧게 편다.
- 가슴은 쭉 편다.
- 어깨는 힘을 빼어 내린다.
- 시선은 앞쪽을 바라보며 턱은 당긴다.
- 팔을 가볍게 굽혀서 오른손을 위로 하여 왼손과 가볍게 포개어 준다.
- 미소를 지을 때는 입꼬리를 위쪽으로 향하여 윗니가 보이도록 한다.
- 시선은 정면보다 약간 떨어뜨린다(스트라이크 존).
- 발끝을 V자 모양으로 조금 벌린다.
- 양손은 계란을 잡듯이 자연스럽게 쥐고 바지 재봉선에 붙인다.
- 시선은 정면보다 약간 떨어뜨린다(스트라이크 존).
- 턱은 당겨 바닥과 수평이 되게 한다.
- 아랫배에 힘을 주고 허리는 곧게 편다.
- 머리와 어깨는 치우치지 않게 한다.

– 무게중심은 엄지발가락에 둔다.

● 앉는 자세

– 상체를 똑바로 세우고 의자의 등받이에서 주먹 하나 정도 사이를 두고 깊숙이 허리와 가슴을 펴고 앉는다.

▶ 남: 무릎 사이를 주먹 두 개 정도 넓이로 벌린다.

▶ 여: 무릎 붙이고 발끝을 모은다.

– 엉덩이를 의자 깊숙히 집어넣도록 하고 등을 반듯하게 해서 앉는다(등과 의자 사이는 주먹 하나 정도의 간격을 둔다).

– 무릎 안쪽을 꼭 붙이고 다리를 가지런히 하고 발끝도 나란히 붙인다.

– 편히 앉을 경우 다리와 발끝을 붙여 한쪽 옆으로 비스듬히 놓는다.

– 발바닥은 밑바닥에 밀착시키고 발끝은 위쪽으로 향하도록 한다.

– 두 손은 가지런히 모아서 무릎 위에 놓는다.

– 상체를 펴고 깊게 앉되, 등받이에 기대지 않는다(등과 의자 사이는 주먹 하나 정도의 간격을 둔다).

– 손은 엄지손가락이 들어가도록 가볍게 주먹 쥐어서, 조금 안으로 향하도

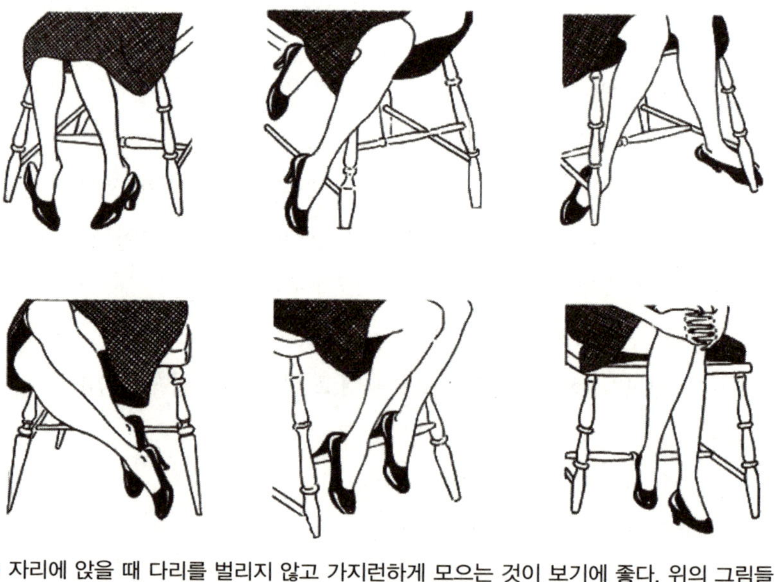

○ 자리에 앉을 때 다리를 벌리지 않고 가지런하게 모으는 것이 보기에 좋다. 위의 그림들의 자세보다 아래 그림들의 자세가 더 보기 좋다는 것을 쉽게 알 수 있다.
출처: amybarickman.com

록 무릎 위에 놓는다.

- 양발은 주먹 하나 들어갈 정도로 벌리고, 뒷굽을 무릎보다 앞으로 내놓지 않는다.
- 시선은 상대를 바라본다.
- 다리를 꼬거나 무릎을 떤다거나 팔짱을 끼는 등의 태도는 삼간다.

● 사무실 책상에 앉는 자세

- 책상과 눈의 거리는 30cm가 적절하다.
- 손으로 턱을 고여서는 안 된다.
- 의자에 앉은 채로 의자를 끌고 움직이면 안 된다.

● 걸음걸이 자세

- 허리부터 앞으로 나가는 기분으로 걷는다.
- 무릎을 펴고 좌우의 다리가 평행이 되도록 걷는다.

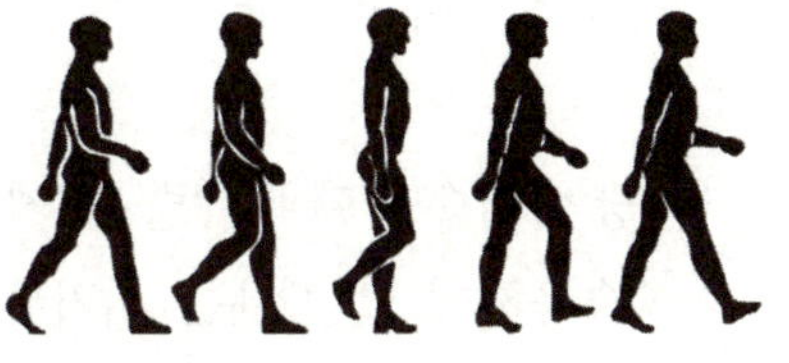

- 가슴의 포인트와 발끝이 일직선으로 걷는다.

● 복도 보행

- 복도에서 큰 소리로 잡담을 하지 않는다.
- 복도에서 오래 선 채로 대화하지 않는다.
- 모퉁이는 작게 돌아서 간다.
- 복도에서 상사와 방문객을 만났을 때는 한쪽으로 비켜선다.

● 계단 보행

- 윗사람 또는 손님과 복도에서 마주쳤을 때 걸음을 멈추고 벽 쪽에 붙어 선다.
- 윗사람이나 손님이 같은 계단에 오게 될 때 고개를 숙여 인사를 한다.

● 엘리베이터 탑승

- 한쪽으로 비켜서서 기다린다.

- 상사와 고객을 먼저 내리게 한다.

- 사무실 출입할 때
  - 노크를 한다.
  - 사무실 문이 열려 있을 때 노크는 필요없다.

- 출입 동작
  - 우측에 있는 손잡이를 왼손으로 잡아서 밀고 들어간다.
  - 안으로 들어가면 안쪽 손잡이를 오른손으로 쥐고 조용히 닫는다.

- 사무실 나올 때
  - 나올 때는 엉덩이가 보이지 않게 문을 열고 뒷걸음질로 나온 후 출입문을 조용히 닫는다.

- 차량에 탑승할 때와 내릴 때 예절
  - 승용차에 탈 때에는 머리부터 먼저 들이밀지 말고, 우선 엉덩이를 차의 시트에 얹어 체중을 옮긴 다음 발이 따라가는 포즈가 아름다운 동작이다.
  - 차량에서 내릴 때, 여성은 특히 타이트 스커트의 경우 발부터 먼저 내리고 무릎을 붙인 후 마지막으로 엉덩이를 시트에서 떼도록 하면 아름다운 자세가 유지된다.

케이트 미들턴(영국 윌리엄 왕자의 부인)

② 손 예절

- 서비스 종사자의 손

비서, 리셉셔니스트의 손은 어떻게 하고 있어야 할까?

- 남자: 왼손이 오른손 위로 올라온다.
- 여자: 오른손이 왼손 위로 올라온다. 여자가 끼는 왼손 반지 위에 오른

손을 얹는다고 생각하면 기억하기 쉽다.

• 장례식장에서의 손

장례식에서 손은 어떻게 해야 할까?

- 남자: 오른손이 왼손 위로 올라온다.
- 여자: 왼손이 오른손 위로 올라온다.

서양에서는 장례식에서 지켜야할 특별한 자세가 없다.

• 권유할 때 손

방향 지시 동작

- 시선: 상대의 눈 → 가리키는 방향 → 상대의 눈
- 손: 사람 → 두 손으로 시선도 함께, 방향 → 한 손으로 시선도 함께
- 팔: 가까운 방향 → 90도 각도
  먼 방향 → 한 팔은 쭉 펴고 또 한 팔은 90도 각도로 배꼽을 살며시 가린다.
- 물건 수수: 두 손으로 상대가 편하게(명함, 의료보험증, 카드 영수증, 볼펜, 차 등)

표정 관리, 목소리 관리, 자세 관리가 준비되었다면 이제 무엇을 해야 할까?

4.4 이미지 메이킹 성공 법칙

자신만의 이미지 메이킹에 성공하려면 어떻게 해야 할까?

- 자신에게 진실하자.
- 자신을 사랑하자.
- 비전(vision)을 가져라.
- 상사, 동료, 부하를 존경하라.
- 생각하기 전에 말하지 말라.
- 주의 깊게 들어라.
- 자신의 이미지를 항상 생각하고 성스럽게 지켜라.

긍정적인 인상을 남긴 사람들의 특징은 장점이 많기 때문이 아니라 자기 자신을 잘 조절한다는 점이다. 적절할 때 적절할 때 절제된 모습을 보여주는 능력이 뛰어나기 때문에 좋은 이미지를 줄 수 있다.

- 자신을 철저하게 분석한다.
- 자신이 추구하는 지향점과 열등감을 극복하여 자신만의 이미지를 브랜화하기 위해 자기주도적으로 변화한다.
- 자신의 이미지를 일관되게 구축해서 이미지를 포장한다.
- 자연스럽고 일관되게 보여준다.
- 자기 브랜드로 인맥을 만든다. 인맥은 시장 내에서 고객들이며 나만의 상품이다.

저자 소개

권경리

현) IVY KOREA 대표이사
대한항공 승무원
아시아나항공 승무원 아카데미 강사
금호 아시아나 인력개발원 선임강사
신세계 인터내셔널 라이선스 매니저
한국표준협회 · 한국능률협회 강사
삼성서울병원 · 이지함 피부과 등 병원 CS 강의

저서 ∘∘

15인 승무원의 꿈

한광종

현) 한국의료관광 · 컨벤션연구원장

저서 ∘∘

의료관광 영어회화
의료관광 실무영어
국제회의 영어
국제회의 영어회화
컨벤션기획사 1차 필기시험 문제 해설집
컨벤션기획사 2차 실기시험 문제 해설집

국제매너와 이미지 메이킹

2014년 6월 30일 초판 1쇄 발행
2017년 7월 25일 초판 2쇄 발행

지은이 권경리 · 한광종
펴낸이 진욱상
펴낸곳 백산출판사
교 정 편집부
본문디자인 편집부
표지디자인 오정은

저자와의 합의하에 인지첩부 생략

등 록 1974년 1월 9일 제406-1974-000001호
주 소 경기도 파주시 회동길 370(백산빌딩 3층)
전 화 02-914-1621(代)
팩 스 031-955-9911
이메일 edit@ibaeksan.kr
홈페이지 www.ibaeksan.kr

ISBN 978-89-6183-991-4
값 15,000원